学校におけるキャリア教育と職業教育

—中等教育から大学へ至るキャリア形成—

森谷　一経（著）

第一公報社

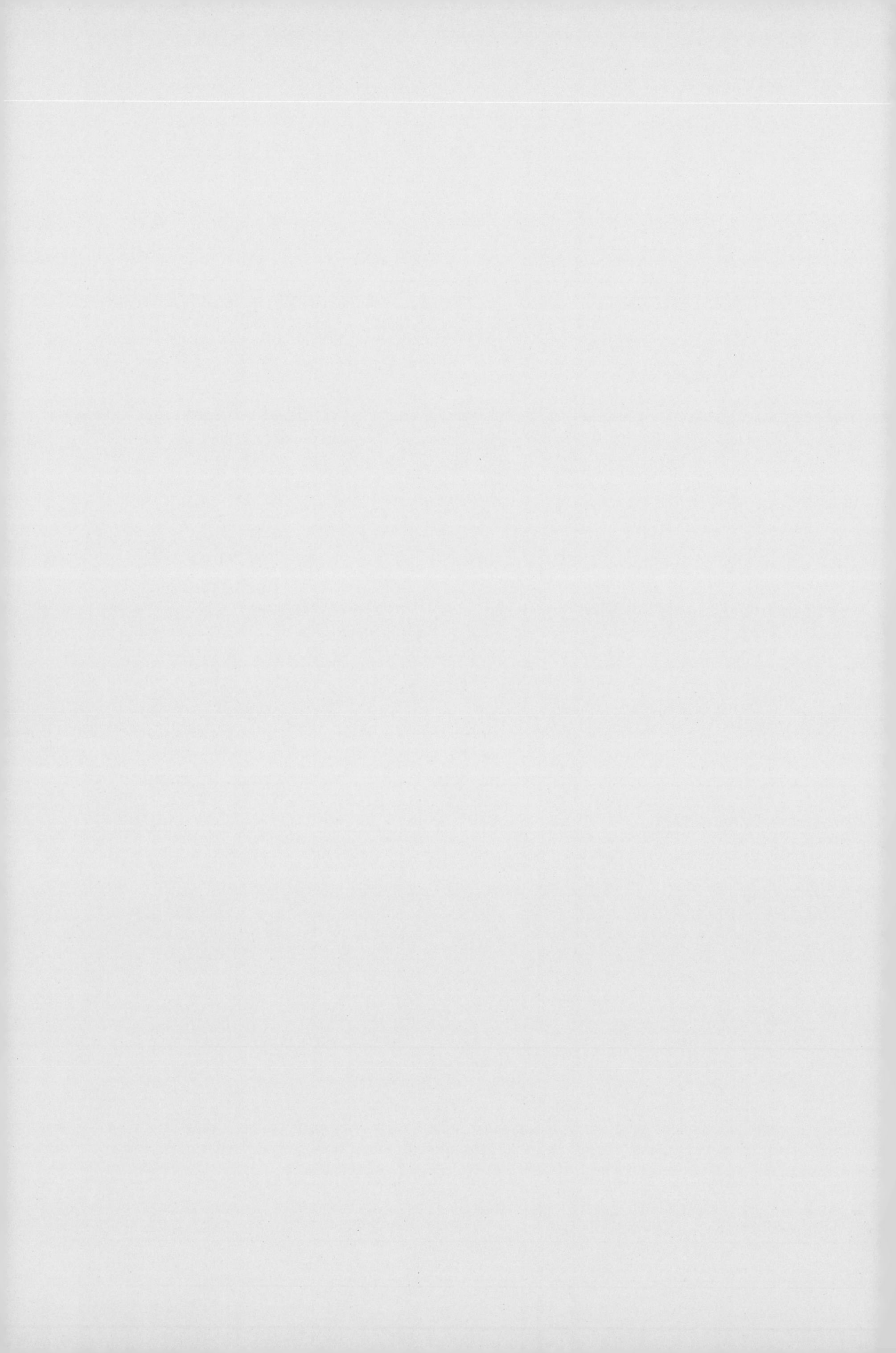

目　次

はじめに…………………………………………………………………………………… 1
第１章　「キャリア」をめぐる環境 ………………………………………………………… 5
第２章　生徒、学生を取り巻く環境………………………………………………………… 14
第３章　「キャリア」に向けた大学の取り組み …………………………………………… 21
第４章　キャリア・カウンセリングとキャリア・カウンセラー…………… 31
第５章　学士課程教育のなかのキャリア・デザイン……………………………… 46
第６章　キャリア教育とプロジェクト・マネジメント……………………… 59
第７章　キャリア教育とリスク・マネジメント………………………………… 66
第８章　キャリア教育とインターンシップ………………………………………… 70
第９章　産学連携教育活動…………………………………………………………… 79
第10章　今後の学校におけるキャリア教育……………………………………… 88
おわりに…………………………………………………………………………………… 92

謝辞………………………………………………………………………………………… 98
参考文献…………………………………………………………………………………… 99
巻末資料（国立教育政策研究所生徒指導・進路指導研究センター）……… 105

はじめに

長引く就職難の状況を背景にして、学校教育においてキャリア教育の重要性に対する認識が高まっている。小学校から大学まで、継続的にキャリアに対する意識を高める方法のひとつとしてキャリア教育の導入が進められているのは広く周知のことである。特に大学においては、卒業後の学生の進路が翌年の大学入学希望者数を左右しかねない状況が現実となっており、各校が学生の職業意識を涵養するために、キャリア教育の導入を急いでいるのが現状である。しかしながら、本来は、卒業生の就職率を高める手段としてのキャリア教育ではなく、学生が主体的に自己のキャリアを設計し、自らがそのキャリアを形成していく能力を養うための教育こそが、キャリア教育の目的であり、このような目的は特に小学校から中学校、高等学校へと連なる初等中等教育において、深く認識されるべきことである。

実際に「高等学校学習指導要領」の「第５款 教育課程の編成・実施に当たって配慮すべき事項」の「５．教育課程の実施等に当たって配慮すべき事項」(2)と（4）においては、以下のとおり、高校におけるキャリア教育の目的が「現在及び将来の生き方を考え、行動する態度や能力を育成する」ことであることを強調している。

(2) 学校の教育活動全体を通じて、個々の生徒の特性等の的確な把握に努め、その伸長を図ること。また、生徒が適切な各教科・科目や類型を選択し学校やホームルームでの生活によりよく適応するとともに、現在及び将来の生き方を考え行動する態度や能力を育成することができるよう、ガイダンスの機能の充実を図ること。

(4) 生徒が自己の在り方生き方を考え、主体的に進路を選択することができるよう、学校の教育活動全体を通じ、計画的、組織的な進路指導を行い、キャリア教育を推進すること。

このようにキャリア教育は大学だけではなく、高校においてもその重要性が高まっている。しかしながら、高校の現場において、古くから職業教育を実践してきた専門高校においては、こうしたキャリア教育と、職業教育の何が違うのか、その関係性はどう異なるかについて、統一的な見解が形成されていないのが実状である。なぜならば、職業教育とは各領域の専門分野において、各生徒がそれぞれの成長段階において専門技能を磨き、技能を習熟していくための教育であるからであり、これまで、職業教育についての必ずしも一元的な理解や定義があった訳ではないからである。

こうしたことを背景として中央教育審議会は、2011年1月に「今後の学校におけるキャリア教育・職業教育の在り方について」(答申)を公表している。これによれば、キャリア教育とは「一人一人の社会的・職業的自立に向け必要な基盤となる能力や態度を育てることを通して、キャリア発達を促す教育」であり、職業教育とは「一定又は特定の職業に従事するために必要な知識、技能、能力や態度を育てる教育」であると定義されたのである。

キャリア教育が「キャリア発達を促す教育」であり、職業教育が「知識、技能、能力や態度を育てる教育」であるならば、職業教育を実践することと、キャリア発達を促すキャリア教育は異なってくるのであろうか。

キャリア発達とは同答申によれば、「社会の中で自分の役割を果たしながら、自分らしい生き方を実現していく過程」であるとされている。そうであれば、「自分らしい生き方」と「能力や態度を育てる」ことは、当然に同義とはなり得ない。そもそも、「自分らしい生き方」が一般的に認知されてきたのは、それほど昔のことではないのである。また、「自分らしい生き方」と対極をなす生き方の一つの例として、「会社人間」がある。それは、「従業員の組織に対する強い忠誠心や帰属意識を前提とした、いわゆる会社人間」(田尾、1997)であり、そうした層に支えられてきた日本的経営、例えば終身雇用や年功賃金、年功序列等の雇用形態が崩れつつある現在、「知識、技能、能力や態度を育てる教育」である職業教育と、「自分らしい生き方」を模索するキャリア教育の両者を分析することは、大学生、高校生を問わずして、若者の進路決定と職業選択において、軽視することができないであろう。

本研究の始まりは、以上のように、大学におけるキャリア教育を端緒とし、近年高まりつつある、高等学校のキャリア教育を研究する過程で、とりわけ専門高校における職業教育に焦点をあてることによって、両者の関係について考えるものである。

長引く就職不況を背景とした、若年失業者層の拡大やいわゆる、フリーターと呼ばれる定職につかない人達の増加は、キャリア教育の重要性をいっそう高めている。こうした教育は、小学校から大学まで一貫して行われる必要があると謳われているが、高校においては、その主眼は普通科高校に置かれている。職業に直結した専門科目を学ぶ専門高校においては、職業教育が実施されており、敢えてキャリア教育を行う必要性について声高には叫ばれてこなかったからである。

2011年1月に公表された中央教育審議会の答申「今後の学校におけるキャリア教育・職業教育の在り方について」においては、この点を鑑みて、職業教育の重要性について言及している。しかしながら、教育行政においては、職業教育とキャリア教育の関係性について具体的に説明しておらず、かえって両者の関係性について混乱を招いている。

また、高校教育の実質無償化政策もあり、高校への進学は中学卒業者にとって、ほとんど当たり前のものになっている。こうした状況は高校職業教育の在り方やその性格にも一定の変更をせまるものである。かつて、中学校を卒業して、高校へ進学をせずに就職していた者が労働者層の一定領域を形成していた時代と、現在のように、ほとんどの中学卒業者が進学をする今日とでは、専門高校卒業者を対象とした労働市場や労働組織上の位置づけは当然変化してきたであろうし、高校職業教育に求められている内容も変わってきていることは想像に難くない。さらに、高校生一般の学力水準についても、かつて、受験戦争と呼ばれる入学試験競争があった時代と比べると、相当に下がってきていることも現実である。これは、中学卒業者による高等学校全入時代という現象の必然的結果とは言えないまでも大きな関係性があり、こうした時代における、専門高校での職業教育の在り方が検討されるべき課題となっていると言えよう。また、高度情報化社会を迎え、科学技術が急速に進歩した現代において、即戦力の育成を期待され専門的技術の習得がその目標となってきた高校職業教育は、急速な技術革新にどう対応するのかという課題に直面しており、こうした問題意識について本研究は解を見出すことを一つの目的としている。

さらに、高校職業学科の教師らは、生徒が卒業後に、在学中に身につけた技術で後に続く長い人生を乗り切れるよう、特にテクニカルなスキルや各種の検定資格を取得させることに力を注いできた。特殊な技術や公的な検定資格を取得することは、生徒の就職を容易にし、本人のその後の人生の安定を意味するものであった。しかしながら、一方で、現在進行中の高度情報技術革命や、物資や資本だけでなく、サービスや人材を含むあらゆる分野に波及するグローバリゼーションの波は、専門高校の教育カリキュラムに大きな影響を及ぼしている。他方で、専門高校での職業教育は、学習意欲や学力の面で問題を抱えた生徒たちを受け止め、彼らが自分の夢を実現し働いていけるよう、将来に役立つ高校職業教育を追求することに教育実践の方向を定めてきた。すなわち、そうした時代であるからこそ、今こそ、技術進歩とグローバリゼーションが進行するなか、そうした教育実践の延長線上に、高校全入時代にふさわしい新しい高校職業教育を構築することが求められてきているのではないだろうか。

この問いに対する答えの一つがキャリア教育の導入なのである。キャリア教育は普通科高校において、既にその実践が始まっているが、専門高校においてはこれまで通りの職業教育の履修が中心であり、キャリア教育が専門高校の職業教育において本格的に実践されるのはこれからなのである。これに対して普通科高校においてはキャリア教育が既に導入されており、その先行研究の蓄積も始まっていると言えよう。

本書は、このキャリア教育が果たして専門高校の職業教育に有効であるかどうか、もし有効であるとするならば、どのようなカリキュラムや実施方法が、専門教育を、より有効なものにするのかを検討することを問題意識として持つものである。

第1章　「キャリア」をめぐる環境

大学が全入時代を迎え、入学することが容易になった一方で、学生・生徒の就職先の確保については大学、高校の双方にとり、たいへん頭の痛い課題である。就職率の増減が学校の人気を左右する。大学に入っても就職できないのでは学生も保護者も大学そのものの意義について再考が必要であろう。また、高校を卒業しても、進学もせず、かつ就職もしないのでは、親にとっても生徒にとっても頭を悩ませる問題になりえるのである。最近、各大学、高校間において学生や生徒の就職状況をよりよくするための切り札として「キャリア教育」が大々的に導入されているのは、学生及び生徒の就職問題がより一層、社会全体として考えなければならないことを意味していると言えよう。

しかしながら、学校が単に、就職率を上げる方策として、そうしたプログラムを導入しただけであるならば、そうした課題は簡単には解決しない。なぜなら、キャリア教育は就職率を上げるための短期的なプログラムではなく、本来的には学生の一生涯に渡るキャリアを通じて、本人が主体的に自己の職業観を作り上げていこうとするプログラムであるからである。そもそも学校が就職内定率を上げるための方策として小手先の「キャリア教育」を導入したとして何の意味があるのであろうか。キャリアとは大学卒業の一時点で考えるものではなく、その後に長く続く人生の歩みを含めた継続的なものであり、積み重ねである。

学校関係者がいう「キャリア」とは、時として学校を卒業した直後の就職を意味することが多く、会社の雇用下に入る以外の形態、例えば自己で起業することなどを選択肢として想定している大学や高校は多くない。景気が悪いからキャリアに関する教育が必要であるとか、学校の就職率を上げるためにこうした教育を導入するべきだという議論は、学校側の都合であり、学生・生徒にとってのものではない。彼らにとって本当に必要なのは、学生達がこれから経験していく人生、即ち、仕事や家庭を含めた全体的な人生設計を構築していくことに資するプログラムなのである。

この意味において、大学と高校が学生・生徒に対してキャリアに関する教育を提供する理由として、就職内定率の向上のみを挙げているのであれば、その導入の意図がずれていると言わざるを得ない。

就職環境が良くても悪くても、学生・生徒にとって今後の人生を考える機会は非常に重要である。しかしながら目先の利益、例えば名前の知られている企業だから入社したいとか、給料が高い会社だから入社したい等、そうした目先の利益だけに囚われて将来選択をしてよいのだろうか。そうした決定は、早期離職や頻繁な転職につながってしまうに違いない。就職内定率を上げることが目的ではなく、あくまでも学生が自ら志望就職先を考え、そしてそのために主体的に行動し、その結果につき本人が十分に納得することができる支援をすることが、キャリア教育におけるキャリア・デザインの趣旨でないだろうか。現下の厳しい就職環境の中である今だからこそ、目先の就職率だけにとらわれない、長期視点に立脚した成長支援のキャリア・デザインプログラムを実施することが必要なのである。

さらには、近年は学校教育における質の保証に関する論議が盛んであり、こうした質の保証論議と学生・生徒のキャリア・デザインは無関係なものではなく有機的に連動していくべきものであることを忘れてはならない。

本書は、専門高校における職業教育にキャリア教育をどのように導入していくかを検討するものであるが、その過程として、大学におけるキャリア教育を詳細に分析・検討する必要がある。キャリア教育についても、職業教育についても、便宜的に大学生向けのキャリア教育であるとか、高校生向けの職業教育であると区分けをすることがあるが、本来は、そういった区別が人間の発達段階の形成上にあるわけがない。単に、教育行政がその計画と管理のために学校種で区別しているに過ぎず、キャリア教育や職業教育というものは、生涯の長い間に延々と続けられていくべきものなのである。

とは言え、当該教育を研究・分析するうえでは、大学と高校、普通科高校と専門高校等、検討対象を区別することは重要なことである。本研究においては、専門高校の職業教育とキャリア教育との関係を分析するうえで、先ずは大学におけるキャリア教育を検討することから始める。

大学におけるキャリア教育とは､換言するならば､学士課程教育におけるキャリア・デザインとは何かを検証することにあり、学生が主体的に自己の将来計画を設計し、これを実現していく力をどのように大学教育で提供していくかについて考察することである。その過程で当該教育のなかで、キャリア・カウンセリングが果たす役割の重要性についても述べることとしたい。

一般的に「キャリア」という言葉は、仕事という意味や職歴という意味で使われることが多い。しかしながら、本稿では「キャリア」の定義を、文部科学省が平成16年1月に報告した「キャリア教育の推進に関する総合的調査研究協力者会議報告書－児童生徒一人一人の勤労観、職業観を育てるために」に基づくものとする。これによれば、キャリアとは「個々人が生涯にわたって遂行する様々な立場や役割の連鎖及びその過程における自己と働くこととの関係付けや価値付けの累積」であると定義されている。つまり、キャリアとは生まれたときから発生するものであり、子供のときは家で手伝いもするし、学校でも役割に応じた仕事がある。また、就職や結婚することによっても、更に新しい役割が生まれ、さらに個人と社会との間で、様々な役割を果たしていくことになる。人は誕生から死まで様々な役割や立場を踏まえながら生活し、これを積み重ねていくということなのである。役割の蓄積が人生であると考えるならば、その過程で我々はいくつかの学校で「勉強」する経験をする。そこでは、学力という指標によって、各人のタスクの達成状況が測られる。この達成状況、つまり、学力というものは、往々にして偏差値という数値で相対的に評価されるのであるが、そこから垣間見えるのは、学生の経時的な学力の低下という課題である。

日本の学生の学力低下は1990年前後から始まっていると言われており、その原因について、ゆとり教育がその大きな要因であるとする立場がある。

ゆとり教育は1980年度、1992年度、2002年度から施行された学習指導要領に沿った教育のことであり、高校においては1982年度から2014年度まで、中学校では、1981年度から2011年度、小学校では1980年度から2010年度まで実施される教育を指す。ゆとり教育を理解するために必ず出てくる対義語は「詰め込み教育」であり、教育理念としては表裏一体の関係にあると言っても過言ではない。

当該教育の目的は、学生の勉強の負担を減らしてその分、勉強以外での余裕を確保し、より自由な発想を育もうという事である。社会が複雑化していく中で、相手を理論的に納得させるだけの対話力が必要であるし、独創的な発想力も重要である。このような能力は知識偏重に傾きやすい詰め込み教育では対応できず、ゆとりをもった教育の中で育まれる能力であるとして導入された経緯がある。

バブル経済破綻後の日本経済はその後も「失われた30年」と呼ばれる停滞期を抜け出すことができていないが、景気が回復すれば求人状況も改善され、大学生の就職状況に問題が無くなるというわけでもなさそうである。なぜなら、学生を取り巻く就職事情には、第一に「雇用のミスマッチ」、第二に「労働市場環境」そのものの問題があり、景気と就職率が単純に正比例するようなシンプルな就職構造は、過去のものとなってしまっているからである。

就職活動をする学生にとっては非常に困難な状況が続く中、全ての業界が一律に採用人数を絞っているわけではない。一部には慢性的な人手不足状態に陥っている業界もあることが過去の就職氷河期と異なるところである。例えば、IT産業、外食産業　介護産業、農林漁業等は、多くの場合において求人数が就職希望者数を上回っており、人事担当者も積極的に大学を回り、人材の確保に頭を悩ませている状態である。IT産業などはとりわけその典型であり、慢性的な人手不足である。現在のような就職難の時代にそれほど求人数があるということが不思議議な感もあるが、実は不景気だからこそIT産業にとっては業界が潤う時期なのである。なぜならば、不景気になると真っ先に削減される会社の部門は定型的な事務作業部門であることが多い。人員の整理がなされた後はその仕事をコンピューターが担うことになる。よって人員削減が実施されればされるほど、IT業界にその業務に係るプログラミングの仕事が舞い込むことになり、業界は忙しくなるのである。当然、雇用の需給関係が逼迫し、求人数が増大する。多くの人がIT業界に就職するのであるが、繁忙がゆえに組織的に系統立てられたOJT等の社内教育を受けることができずに、業務の一部を組織の歯車として機械的にこなさなければならないということが起きている。

とりわけ、中小企業の社員にとっては残業も日常的になり、ついには燃え尽き症候群と呼ばれるような一種のうつ状態に陥り、極端なケースの場合には過労死という事態もおこり得るのである。

慢性的に忙しい業界は、求人数は多いのだが、求職者側の希望と求人側企業との希望が合わない、雇用のミスマッチが発生する。また、この求職者側の希望と求人側企業との希望のミスマッチの他にもう一つのタイプの雇用のミスマッチが存在する。それは、被雇用者が、個人の適性に合わない雇用状態下の場合に起こるミスマッチである。前者を求職者と求人企業のミスマッチというならば、後者は職業と個人とのミスマッチと呼ぶべき問題である。これは自分のやりたい仕事やすべきであると考えている仕事と、従事している業務の乖離が激しい場合に発生する問題である。

個人の希望と現実が大きくずれるという現象は何も目新しいことではない。このミスマッチが最近大きくクローズアップされる背景には、なによりも若者の職業観の変化が大きい。説明としては、現在の大学生は自分の職業に対して「夢」を持っていると言える。大学生が就職に関して夢を持つことは大事なことである。ただし、多くの場合、彼らにとっての夢とは希望の就職先企業に入社することであり、やりたい仕事に従事することを意味することが多い。

例えば、ある学生がA株式会社に入ることを夢に描きながら、その会社の就職試験に落ちてしまったとする。B社には既に内定をもらっている。しかし、自分の夢はA社だったのだから、B社に入ることは挫折を意味する。ここで問題となる点がある。そもそも就職は「夢」を実現するための通過点に過ぎないということを学生が理解していないことである。自分のやりたい仕事を「夢」とするならば、それを実現するためには、一時的には意に沿わなくとも様々な仕事や会社を経験して、いつかは夢に到達していくのだという考えに乏しいということである。

意中の仕事に従事することができず、入社したい企業に就職できなかった場合の学生側の落胆は大きい。こうした落胆は例えば七五三現象と呼ばれるような事態を引き起こしている。七五三現象とは、就職した後、３年の間に中学卒業で就職した者の７割、高校卒業で就職した者の５割、そして大学卒業で就職した者の３割が離職しているという通説である。その真偽はともかくとして、こうした言葉がまことしやかに語られるということこそ、現実にそれに近い実態があるということを意味しているのではないか。不本意な就職をした学生はやがて転職をしてしまうという現象は、あながち的外れとは言えないことを示しているのではないだろうか。

このように、被雇用者が個人の適性に合わない（合わないと考えている）雇用状態下の場合に起こる雇用のミスマッチも、前述のミスマッチ、つまり求職者側の希望と求人側企業との希望の乖離と同じく、現在の学生を取り巻く就職環境の問題として重要なポイントである。

上記の２つの種類のミスマッチ、つまり「人材需要はあるがそれを満たすだけの人材が集まらない」場合のミスマッチと、「就業状態にはあるが、本人の意思・適性と合致しない雇用状態」の場合におこるミスマッチが発生する理由は、企業側と学生側の有する情報における非対称性が存在するからである。主として経済学において使用されるこの言葉の意味は、市場における各取引主体が保有する情報に差があるとき、その不均等な情報構造をそう呼んでいる。ここでは、就職に関する情報を有する企業側と情報を有さない学生側との間で情報量に大きく差があり、その結果、特に２番目のミスマッチ、つまり「就業状態にはあるが、本人の意思・適性と合致しない雇用状態」である場合の最大の原因となっている。

なぜなら、自分が就職することとなった当該業界について多くの情報を有していたならば、そもそも学生はその業界または会社に入社しなかっただろうし、また、入社した後でその業界ないし会社の将来性や業務内容に十分な知識を持っていれば、正しい選択肢を見つけることができるはずだからである。

労働市場の環境について、問題点としては、依然として現在の労働市場が新卒学生一括採用制度を基礎としていることにある。そして、留年や新卒時の就職に失敗すると、その後の求職活動が極めて困難になることである。現代はグローバリゼーションの時代と呼ばれる。ヒト、モノ、カネ、情報の国際的な流動化が起こり、世界経済の融合と連携深化している時代を指す。特に、情報のグローバリゼーションは大きな変化をとげ、インターネット、通信衛星、電話などの技術を使った国境を越えるデータ量の増大は今後も爆発的に拡大していくことが予想される。その結果として、国際的分業と特化が進展し、最適の国・場所において生産活動が行われることとなる。そして、より効率的な低コストでの生産が可能となり、物の価格が低下して社会が豊かになっていく。全世界の様々な物資、人材、知識、技術が流通されるため、科学や技術、文化などの統合化が進んでいくこととなる。しかし、この国際競争社会は、質の良いものやコストパフォーマンスが優れているものはさらに拡大していくが、その反面で、質の良くないものや、価格競争力が低い製品などは市場から撤退を余儀なくされる競争市場を意味するものでもある。

競争が激化すると、競争に負けた産業は衰退し、労働者の賃金の低下や失業がもたらされる。厳しい競争の中で少しでも競争優位を保とうとするため、労働基準や環境基準が緩められ、社会福祉が切り捨てられるようになる。つまり、競争社会とは優れたものに対しては、さらなる成功の果実が分け与えられるが、劣るものや競争から脱落したものに対しては容赦のない社会であり、これが成功者とそうでないものの格差を積み上げていくこととなる。

このような厳しい社会は、これから就職しようとする学生にとっても大きな影響を及ぼすことは当然である。学生にとっても、会社選択は人生を左右する大きな決断であり、企業側からしても、人的資本としての採用学生の質と能力は会社の命運を託す最大の投資である。その選択は必然的に競争的で容赦のないものになることは明白である。

企業をとりまく環境が厳しくなった結果として、日本の雇用習慣である新規学卒の一括採用制度も影響を受けている。新規学卒一括採用は、終身雇用制や年功序列制と三位一体となって長年にわたり日本の雇用慣行を形成してきた。卒業したばかりの大学生を4月にまとめて入社させることで、系統だった社内教育プログラムを時系列的に実施することができるため、企業側にとっては社員教育を管理しやすいという利点がある。

一方で、新卒の学生をゼロから教育することになるため、知識や経験のある中途採用者にくらべて教育にかかる費用負担はかなり大きいものになる。企業間競争が激しくなっている現在、教育コストの負担が大きい新卒一括採用を避け、中途採用の実務経験者を採用した方が良いという判断を下す企業も多くなって来ている。新卒一括採用と密接な関係があるのは年功序列賃金制度である。新入社員のほとんどが大学から新規に一括して採用され、同期社員の間に年齢や勤務期間に差が出てこないことから、年功序列は社内昇進を決定づける基準となっている。年功序列は、社員に長期間同じ企業で働くことを望ませている要因の一つだと言え、会社に対するロイヤリティの源泉であるともいえる。しかしながら、ロイヤリティについては、会社に対する本来的なロイヤリティは年功序列とは異にするものだということを認識すべきである。

新卒一括採用、年功序列、終身雇用制が減っていく理由は二つある。一つは前述した通り、費用がかかるからである。新卒一括採用は中途入社採用と違い、知識も経験もないのであるから社内教育をしなければならず、教育コストがかさむ。年功序列は、成果主義と異なり、会社に対する貢献、すなわち売上げ獲得に貢献が無くても、年齢に応じて給料を支払わなければならないため、業績が悪いときでもコストを減らすことができない。さらに、終身雇用については、年齢が上がって生産性が落ちていたとしても、定年まで硬直的に雇い続けなければならず、費用対効果が悪い。このように、これら三つの雇用慣行は非常にコストのかかるものなのである。

第二の理由は日本において少子化が急速に進行しているからである。若年労働者の数が減少すれば、上の世代を支える資金の担い手が充足せず、終身雇用も年功序列制度も崩壊せざるを得ない。1990年頃までは、人口構成の上でも若年人口の層が厚いピラミッド型をしていたので、若年労働者が常に豊富に供給される状況にあった。よって、安い給料で働く大量の若年労働力が新たに供給されることで、中高年管理職の高い給料は保障されてきた。しかし、1990年代に入り、不況が長引くようになってくると、企業の成長がストップしてしまい売上高も伸びない。そうであれば従業員を雇うこともできずリストラが進み、年功序列賃金制度の維持ができなくなり、さらに会社にとっても中高年層雇用を定年まで保障するという終身雇用制度の維持も難しくなるのは当然である。

第2章　生徒、学生を取り巻く環境

第1節　文部科学省

平成17年に文部科学省の諮問機関である中央教育審議会は「我が国の高等教育の将来像」の答申の中ではじめて、「ディプロマポリシー」なる言葉に言及した。

ディプロマポリシーとは、卒業認定・学位授与に関する方針のことを指す。1990年代中頃までの大学入試においては競争倍率が高く入学は難しいのに対して、卒業することは容易であるという傾向があった。学生はいったん大学に入学してしまえば、あまり勉強をしないとして大学が「レジャーランド化」しているとの揶揄もあり、こうした批判に応える意味でも、当該答申は意味のあるものであった。この「我が国の高等教育の将来像（中間報告）」の中で、アドミッションポリシー（入学者受け入れ方針）の明確化とともに、出口管理の強化についても提言されている。卒業認定方針、単位認定や卒業認定条件の見直しについて考える必要があることを促したのである。

このような中教審答申が出されることにより、大学関係者は初めて、大学の偏差値を高めるために学力の高い高校生をいかにして入学させるかという思考から、入学させた学生を卒業させるときにどの程度の質を保証するべきかという考えを持たなければならないと気付き始めたのである。さらに、平成20年には中教審から「学士課程教育の構築に向けて」が出された。これは上記、平成17年「我が国の高等教育の将来像」の中教審答申を踏まえてディプロマポリシーをさらに具体的にしたものだと言える。この中で、学位授与の方針についてのポイントは以下のものである。

・日本の大学が掲げるミッションやビジョン、教育研究の目的は抽象的でわかりにくい

・欧米諸国では「何をインプットするか」より「何がアウトプットできるようになるか」を重視した取組が進展している

・大学の多様化は進展したが、学士課程を通じた最低限の共通性が確保されていない

・学位授与の方針が教育課程の編成や学修評価の在り方を規定するものとなっていない

こうした問題点のポイントに対して以下のような改善策が例示された。

・卒業に当たっての学位授与の方針を大学は積極的に明確化し公開すべきである
・学士力に関し、国が参考指針を提示した

ここで「学士力」なる言葉が使用されたことは注目に値する。学士号を授与するために備えておくべき教育成果の集大成を、この「学士力」という言葉に置き換えているのである。

それでは、学士となるためには、どのような能力を大学生活の中で獲得していなければならないのであろうか。国によって行われるべき支援・取組みとして、「学士力」の内容に関する参考指針を次のように答申は提示している。

(1)　学士力に関する主な内容
①　知識・理解（文化,社会,自然等）
②　汎用的技能(コミュニケーションスキル、数量的スキル、問題解決能力等)
③　態度・志向性（自己管理力、チームワーク、倫理観、社会的責任等）
④　総合的な学習経験と創造的思考力

こうした学士力を育てることで、教育の質を担保しようというのが「学士課程教育の構築に向けて」における中央教育審議会答申の意味なのである。学士力の具体的内容については次のものが挙げられている。

(2) 学士力の内容

① 知識・理解

専攻する特定の学問分野における基本的な知識を体系的に理解するとともに、その知識体系の意味と自己の存在を歴史・社会・自然と関連付けて理解する。

・多文化･異文化に関する知識の理解と人類の文化、社会と自然に関する知識の理解

② 汎用的技能

知的活動でも職業生活や社会生活でも必要な技能であり、対人関係の基礎能力である。

・コミュニケーションスキル

日本語と特定の外国語を用いて、読み、書き、聞き、話すことができる。

・数量的スキル

自然や社会的事象について、シンボルを活用して分析し、理解し表現することができる。

・情報リテラシー

情報通信技術（ICT）を用いて、多様な情報を収集･分析して適正に判断し、モラルに則って効果的に活用することができる。

・論理的思考力　情報や知識を複眼的、論理的に分析し、表現できる。

・問題解決能力

問題を発見し、解決に必要な情報を収集･分析・整理し、その問題を確実に解決できる。

③　態度・志向性

・自己管理力　自らを律して行動できる。

・チームワーク、リーダーシップ　他者と協調・協働して行動できる。また、他者に方向性を示し、目標の実現のために動員できる。

・倫理観　自己の良心と社会の規範やルールに従って行動できる。

・市民としての社会的責任 社会の一員としての意識を持ち、義務と権利を適正に行使しつつ、社会の発展のために積極的に関与できる。

・生涯学習力 卒業後も自律・自立して学習できる。

④　総合的な学習経験と創造的思考力

これまでに獲得した知識･技能・態度等を総合的に活用し、自らが立てた新たな課題にそれらを適用し、その課題を解決する能力をさす。

中央教育審議会によれば、多くの大学で大学入試の選抜機能が低下し、入学者の学力水準が担保されない状態となりつつあるという。それ故、大学全入時代が到来し出口管理を強化する必要性を提言しているのである。しかしながら、そもそも「学士力」という指標を中央教育審議会や文部科学省が指し示す必要があるのか、という疑問がある。さらには、第三者認証評価制度が出来上がった今、学位授与方針や出口管理に関することはこうした制度を利用して担保すべきものではないのだろうか。

第2節　経済産業省

経済産業省「社会人基礎力に関する研究会-中間取りまとめ-」(平成18年１月)によると、「社会人基礎力」とは職場や地域社会の中で多様な人々とともに仕事を行っていく上で必要な基礎的な能力を言うと定義されている。経済産業省の経済産業政策局が2005年から2006年にかけて開催した研究会をもとに、基礎学力と職業知識等の専門知識に加えて、社会全般で活躍をする上で必要になる能力として、この社会人基礎力という概念を提案したという経緯がある。

これは、「前に踏み出す力」「考え抜く力」「チームで働く力」という3つの能力を核とする概念である。近年、日本の雇用環境は大きく変化し、産業構造の急速な転換や終身雇用制度の崩壊、非正規雇用の拡大など、それまでのものとは根本的に異なる雇用構造が形成されつつある。かつては職場内研修を通じて養成していた人材育成制度は大きな変化を迫られるようになり、企業は即戦力の採用を求めるようになってきている。こうした即戦力を獲得するために、企業は中途採用を広く採用する一方で、新卒学生については、ストレス耐性や環境適応力を備えた中核となる社員を育成するために、土台がしっかりした人材の採用を積極的に進めている。こうした土台力が何であるかを考えて提案されたのが、以下の社会人基礎力（大分類で３項目、小分類で12項目）である。

(1)「前に踏み出す力」～一歩前に踏み出し失敗しても粘り強く取り組む力～
　①　主体性　物事に進んで取り組む力
　②　働きかけ力　他人に働きかけ巻き込む力
　③　実行力　目的を設定し確実に行動する力

(2)「考え抜く力」～疑問を持ち、考え抜く力～
　①　課題発見力　現状を分析し、目的や課題を明らかにする力
　②　計画力　課題の解決に向けたプロセスを明らかにし準備する力
　③　想像力　新しい価値を生み出す力

(3)「チームで働く力」～多様な人とともに、目標に向けて協力する力～
　①　発信力　自分の意見を分かりやすく伝える力
　②　傾聴力　相手の意見を丁寧に聴く力
　③　柔軟性　意見の違いや立場の違いを理解する力
　④　状況把握力　自分と周囲の人々や物事との関係性を理解する力
　⑤　規律性　社会のルールや人との約束を守る力
　⑥　ストレスコントロール力　ストレスの発生源に対応する力

資料:経済産業省「社会人基礎力に関する研究会-中間取りまとめ-」（平成18年１月）

また社会人基礎力に関する研究会「中間とりまとめ」報告書の中で、上記３つの力を異なる側面で４つの輪に４つの輪で捉えなおしている。つまり「社会人基礎力」の輪が「人間性、基本的な生活習慣」「基礎学力」「専門知識」の３つの輪の真ん中に置かれる形になると捉えなおしている。具体的には「人間性、基本的な生活習慣」には優しさや道徳心といったものが含まれる。学校で形成されることになる「基礎学力」には対人的コミュニケーション能力が含められるであろう。また、今後職場等で学んでいくこととなる「専門知識」である。これら４つの輪には重複部分があり、こうした部分こそが非常に重要であると言える。しかし、この社会人基礎力という言葉には多くの批判もある。そもそも、この言葉が十分に世間に普及しているとは言えない。

経済産業省も、社会人基礎力の概念の普及に取り組んではいるが、社会人として必要な能力という曖昧な定義は前述した文部科学省による「学士力」概念とも重なる点が多く、なかなか一般社会に浸透することができないでいる。さらに、社会人基礎力育成に対する疑問や、基礎力の概念そのものへの批判も数々出されている。そもそも大学の教育課程中に社会人基礎力の育成を含めることは、大学教育の核を大きく変化させてしまう可能性があるが、その点が十分に議論されているとは言えない。この概念自体が、産業界の要請に応えるという面が強く、個人の人格的成長にとって果たす役割が明確化されていない。さらに「学士力」と同様に、規格化された社会人基礎力というものが、現実の仕事上でどれほど有用なのかについても明らかになっていないからである。金子元久は、上記の社会人基礎力を構成する3つの能力を「コンピテンス」という概念で統一している。コンピテンスとは「第一に体系化された知識ではなく、具体的な職場の状況に応じて使われる一連の具体的な知識や技能を指し、第二に、理論的・体系的知識の基盤となる一連の知識や態度をいう」(金子2007:141)と定義している。

第3章　「キャリア」に向けた大学の取り組み

これまで、「キャリア」をめぐる環境について、学生の気質と企業をめぐる情勢ついて述べ、さらに学生を取り巻く環境については、文部科学省における学士力と経済産業省における社会人基礎力、そして産業界からの要求に分類して考察した。それでは、こうした環境に対応するべく大学は学生に対しどのような取り組みをしており、どう対応していくべきなのか。これについて述べる前に、先ず「キャリア」という言葉について整理する必要がある。

第1節　キャリア教育とは何か

(1)　キャリア教育

「キャリア教育」はアメリカにおいて1970年代にはじめて提唱された概念であるが、それまでは「ボケーショナルエデュケーション」と呼ばれており、その内容は字義の通り、職業指導教育という意味であった。1971年にアメリカの連邦教育省長官マーランドがこれを「キャリアエデュケーション」と呼び代えた理由は、ボケーショナルエデュケーションが、人生の中での就職活動時期の一時点のみに係る考え方であるのに対し、人の職業履歴は一時点のことではなく全人生を含む概念なのであるという考え方に基づくからであるという。(仙崎2005:24)

また、「キャリア教育の推進に関する総合的調査研究協力者会議報告書」(平成16年1月28日) によれば、キャリア教育とは「キャリア概念に基づいて、児童生徒一人一人のキャリア発達を支援し、それぞれにふさわしいキャリアを形成していくために必要な意欲・態度や能力を育てる教育をいう。端的には、児童生徒一人一人の勤労観、職業観を育てる教育である」と述べられている。キャリアは生まれてから死ぬまでの生涯を対象とした概念であるから、マーランドの言うキャリア教育と上記「キャリア教育の推進に関する総合的調査研究協力者会議報告書」によるキャリア教育の定義は同じことを言っていると考えられる。

しかしながら、このキャリアという概念を、あくまでも大学生を対象とした場合として考えてみた場合については、平成11年12月に出された中央教育審議会答申「初等中等教育と高等教育との接続の改善について」に詳しい。これによればキャリア教育とは「望ましい職業観・勤労観及び職業に関する知識や技能を身に付けさせるとともに、自己の個性を理解し、主体的に進路を選択する能力・態度を育てる教育」であると定義されている。大学生が自分の将来を主体的に切り開いていくためには、学生一人一人が自らの責任で、キャリアを選択し決定していく力を身につけさせる教育が要求されているということが述べられている。大学におけるキャリア教育とは、学生の一人一人のキャリア発達を支援していくことが重要であり、これを支援することがその本質であると理解できる。

(2) キャリア教育に対する批判

キャリア教育に関してその有効性が問われる場合も多い。仮に大学が学生に対して素晴らしいキャリア・デザインプログラムを提供したとしても、彼らがキャリア・デザインに対して、主体的に取り組まず、またキャリアに関する情報について偏った知識しか有していなかったとすれば、当該プログラムは有効に機能しないからである。多くの大学においてキャリア教育の必要性が叫ばれ、その結果今では殆どの大学において何らかのキャリア・デザインプログラムが導入されているにも関わらず、このキャリア教育の有効性について否定的な声も少なく存在する。

例えば、キャリア教育に対する批判として、このプログラムは時として学生の職業に対する夢や願望を無責任に膨らませるばかりで、現実的な対応や柔軟な進路変更を妨げているのではないかというものがある。児美川孝一郎はキャリア教育が抱える問題は、所轄官庁および大学における当該教育の方向性が専ら「企業の採用行動や政府の労働力政策といった構造的要因を問わずに、若者たちの意識や意欲、能力の問題に主要な関心を集中させている」ことにあると現在のキャリア教育を分析した。(児美川2007:75-6)

さらに大学が、景気や労働市場の問題を扱わず学生本人の能力向上ばかりにキャリア教育の焦点をあてることによって、結果的に「教育政策は、今日の若年雇用問題の深刻化に対して、若者たちに意識改革を迫ることを通じて、"社会矛盾に教育で始末をつける"といった格好の役回りを担わざるをえなくなるのである」と、キャリア教育における行政当局および大学の対応を批判している。(児美川2007:82) また本田由紀は「進路選択を迫る一方で、進路実現の方策は十分に提示しようとしないキャリア教育は、この10年間、日本の学生の不安感の拡大を促進してきたのではないか。」と現在のキャリア教育の問題点を指摘している。(本田2009:112) つまり、キャリア教育が学生本人の能力や資質の向上に過度に注目してきた結果、外部的要因である労働市場や企業動向が軽視され、そのアンバランスが学生の不安感をあおってきているのではないかと述べているのである。

キャリア教育の中では、自分のやりたい仕事や願望については学生に深く考えさせる一方で、これを実現するための自己の能力開発や実際の就職環境については、彼らに情報を的確に提供できて来なかったのではないかという懸念がある。学生が自分のやりたい仕事を定め、就職先志望を決定したとしても、その実現可能性と現実の経済社会的条件を照らし合わせた時に、その可能性が極端に低い場合、学生の悩みや失望を生む結果におわるだけなのではないか、という批判である。人口が少なくそれ故、就職先が多くない地方の町などにおいては、学生が「なりたい仕事」を見つけたとしてもそれが実現できるかどうかは非常に難しい。自分の希望にあう就職先企業が存在するかということの他にも、本人が企業から望まれている能力を備えているか、またその時のマクロ経済的な就職環境も大きく作用するし、実のところ何が有利に作用するかわからないという点から言えば、単なる「運」という要因もあるであろう。

よって、大学がそのキャリア教育において提供するキャリア・デザインプログラムがどれほど素晴らしいものであり、学生が自律的に自己のキャリアをデザインすることができたとしても、これは学生側のみでの成功であり、企業側や就職市場での諸条件を考慮していないことになる。キャリア教育に対する批判は、この教育がこうしたキャリア・デザインプログラムを学生に提供するだけで、素晴らしいキャリアに就けることを約束しているかのような誤解を与えていることにある。キャリア教育における現在のキャリア・デザインプログラムは、あくまでも学生側に対して就職へ向けた心構えと自分の将来について真剣に考える機会を与えることであり、それ以上の効果は今のところ期待できないのである。

第2節　キャリアとキャリア発達

文部科学省の「キャリア教育の推進に関する総合的調査研究協力者会議報告書（平成16年1月28日）」によればキャリアとは「個々人が生涯にわたって遂行する様々な立場や役割の連鎖及びその過程における自己と働くこととの関係付けや価値付けの累積」であると定義されている。「キャリア」とは生涯にわたる経歴、経験をさすことでもあり、「個人」と「働くこと」との関係の上に成立する概念であるから個人生活と分離して考えられないものである。また「働くこと」については、職業生活以外にも多様な活動があることなどから、個人がその学校生活、職業生活等のあらゆる生活の中で経験する立場や役割を遂行する活動として捉える必要がある。

（1）キャリア発達にかかわる能力

キャリアに関して重要な概念がキャリア発達である。厚生労働省の外郭団体であり、キャリア教育に関して多くの提言をおこなっている労働政策研究・研修機構は、『キャリア教育とは』の中でキャリア発達の定義を「キャリア発達とは、教育や支援を受け、経験を活かしてキャリアを発達させることであり、自己の力でキャリアを選択し形成していくこと」であるとしている。キャリア発達とは人の生涯にわたる変化の過程であり、人が環境に適応する能力を獲得していくプロセスでもあり、様々な人との中で果たす役割や生き方を展望し、実現することがキャリア発達そのものであると言える。

国立教育政策研究所生徒指導研究センターによる「児童生徒の職業観・勤労観を育む教育の推進について」において、キャリア発達にかかわる諸能力とし図表10に4領域が提示されている。

図表10　キャリア発達にかかわる諸能力

領域	領域説明	能力説明
人間関係形成能力	他者の個性を尊重し、自己の個性を発揮しながら、様々な人々とコミュニケーションを図り、協力・共同してものごとに取り組む。	【自他の理解能力】
		自己理解を深め、他者の多様な個性を理解し、互いに認め合うことを大切にして行動していく能力
		【コミュニケーション能力】
		多様な集団・組織の中で、コミュニケーションや豊かな人間関係を築きながら、自己の成長を果たしていく能力
情報活用能力	学ぶこと・働くことの意義や役割及びその多様性を理解し、幅広く情報を活用して、自己の進路や生き方の選択に生かす。	【情報収集・探索能力】
		進路や職業等に関する様々な情報を収集・探索するとともに、必要な情報を選択・活用し、自己の進路や生き方を考えていく能力
		【職業理解能力】
		様々な体験等を通して、学校で学ぶことと社会・職業生活との関連や、今やらなければならないことなどを理解していく能力
将来設計能力	夢や希望を持って将来の生き方や生活を考え、社会の現実を踏まえながら、前向きに自己の将来を設計する。	【役割把握・認識能力】
		生活・仕事上の多様な役割や意義及びその関連等を理解し、自己の果たすべき役割等についての認識を深めていく能力
		【計画実行能力】
		目標とすべき将来の生き方や進路を考え、それを実現するための進路計画を立て、実際の選択行動等で実行していく能力

意思決定能力	自らの意志と責任でよりよい選択・決定を行うとともに、その過程での課題や葛藤に積極的に取り組み克服する。	【選択能力】
		様々な選択肢について比較検討したり、葛藤を克服したりして、主体的に判断し、自らにふさわしい選択・決定を行っていく能力
		【課題解決能力】
		意思決定に伴う責任を受け入れ、選択結果に適応するとともに、希望する進路の実現に向け、自ら課題を設定してその解決に取り組む能力

「児童生徒の職業観・勤労観を育む教育の推進について」
（国立教育政策研究所生徒指導研究センターから一部改訂）

各大学で実施されるキャリア教育は上記のキャリア発達にかかわる能力を育て、これを学生のキャリア・デザインにつなげていくことがその目標である。キャリア・デザインの実施は、キャリア教育のプログラムとして実施されることが多い。キャリアのデザインをどのようにするかによってキャリア教育の内容も変わってくるが、キャリア教育導入時のプログラム的混乱期を経て、現在では、どこの大学を見てもプログラムの名称こそ千差万別であるが、その中身は同様のものに収斂されて来ており、以下はその標準型である。

<１年次>

１年次は自分のなりたい将来像をさがすための期間とする。なりたい自分を実現するために、自分のキャリア・デザインに対する主体的な設計主体としての自覚と自己の将来イメージを描く。そしてキャリア関連専門科目を設定して、専門科目と進路との関係が理解できるようにする。標準的な科目設定は次のようなものである。

ａ．基礎キャリア・デザイン科目

将来目標の設定と自己探索を目的とした科目をつくる。自己の専門分野と社会との関係やどのような進路があるかを、両親・先輩など身近な存在の経験等を通じて学習する。

ｂ．インターンシップ科目

社会体験･就業体験により、社会で求められる知識や能力について把握する。また、仕事に対する真摯な取り組み姿勢を形成し、自己の適職及びそれに必要な専門的能力を確認する。事前学習（マナー・目的の再確認）、事後学習（報告書の作成）を伴う。地域社会での直接的な体験によりさらに自己分析を深め、社会常識を身につけるとともに、積極的に社会貢献を果たす。

ｃ．キャリア関連専門科目（２ ～ ４年次にかけ自由に選択）

ｄ．キャリア・デザインプログラム

<２年次>

２年次は「進路の選択を明確にする」ことを目標とする大学が多い。自己実現に向けどのような知識や能力が必要とされるのかを、自己の専門分野との関係から理解する。また、インターンシップ科目の受講を引き続き奨励する。

ゼミの中でキャリア・デザインを可能とする科目　少人数で実施するゼミにおいてコミュニケーション能力を育てることを目指す。１年次で履修する基礎キャリア・デザイン科目での自己理解に基づき、その実現に必要な力の主体的な開発を促す。相互の対話を通じて実際の職業観や人生観を捉える。世の中には様々な職業があることを理解し、かつ希望する進路選択に必要な知識や能力の理解につとめる。

<３年次>

ａ．キャリア関連専門科目

３年次は「就職または進学に向け自ら行動する」を目標として、より具体的、実際的なキャリア・デザイン科目を設ける。

ｂ．実際的なキャリア・デザイン科目

２年間の学習を基礎とし、自己の能力に適した就職を選択し、進路決定のためのプロセスを学ぶ。また、実際のビジネスプロセス、具体的な企業における経営課題の解決プロセスをチームワークでシミュレーション学習することにより、実践的な主体性を養い価値創造ができる人材を育成する。

<４年次>

４年次は「就職、進学の決定」を最終目標とし、キャリア・デザインの集大成を図る科目を設ける。応用のキャリア・デザイン科目を設け、会社に入ってからも必要とされるコミュニケーション能力とビジネス倫理について学ぶ。人間や社会を洞察し、多角的な面からの判断力を養成して、人間力を育成する土台をつくる。

（2） キャリア・デザインに必要なもの

このような４年間の教育課程を経て順次、積み上げていく自己の将来設計計画は、一生涯に渡るキャリアを力強く生き抜いていくために必要とされる力をデザインしていくということである。各人それぞれの就職先や進学先だけではなく、その先の人生においても必要となる考え方や能力を取得するために設けられている科目を履修していくことで、人生の地図が描けるようにつくられているものである。これを実現するための方策としてキャリア教育という総称で教育プログラムを提供し、上記のようなカリキュラムを組み立てていくのであるが、これは最低限、以下のものを含んでいると言える。

・自分に期待し、その期待に沿えるように努力することができる人材を養成する。
・大学生活を、主体的に、価値あるもの・充足したものにできる力を養う。

・大学生として、社会の一員として必要な自己表現力を養う。

上記３点を換言すると、最初に自分のなりたい「将来像」を思い描き、そのためにはどうしたらよいのか「進路」を明確にし､そしてこの方向へ向けた「行動」を開始し、結果について自分の判断に基づき「決定」を下すという一連のプロセスを学生自らが主体的に行えるように促すことを指している。こうしたプログラムを包括して大学ではキャリア･デザインと呼び、多くの場合、「キャリア教育」と総称されているのである。

学生が就職に関する多くの情報を持ち、そしてそれが偏ったものでない場合において、かつ学生が自分の将来は自分に決定権があるということをよくわかっているときには、キャリア教育におけるキャリア・デザインは有効に機能する。しかし、そのような学生は多くないのが現実である。学生の多くが自己の職業選択に関する決定を安易に他者の評価や噂に委ねてしまう傾向がある。インターネットを通じることで膨大な情報をいともたやすく入手することができる時代であるが、その情報の真偽は不確かであり、そういった莫大に見える情報が実は単一の情報から創出されたものであることも多々ある。単に少数で不確かな情報が拡散して、膨大かつ歪められて伝達された情報になっている可能性が低くないということである。インターネットの特性として、情報源のコピーが非常に容易であり、コピーのコピーがあたかも第一情報源であるかのように発信されている。

就職先企業を調べる際にはインターネットを通じて様々な情報を入手しようとすることは大事であるが、その情報自体の真偽を見分ける判断力が十分でない場合、これらの情報は無意味になるどころか、害を及ぼすことさえある。

また、最近は人気企業ランキングであるとか、企業別生涯年収ランキングのような順位付け情報がよく公表されており、学生のなかには、就職希望先の選定において、単純にこの表の上位から選んでいくという、自己の将来決定権の放棄とも言える安易な選択をする者も多い｡このような学生は自己のキャリア･デザインをインターネット上の不正確な情報やマスコミの不特定多数に向けられた記事に向かって無防備に委ねているということになる。

キャリア・デザインに関する素晴らしいプログラムで構成されたキャリア教育をどれだけ豊富に学生へ提供したとしても、学生自身が真偽の不確かな情報を無条件に信用し、自己決定権を他者に委ねてしまう状況があるとすれば、キャリア教育というものは全く機能しないはずである。学生が主体的にキャリア・デザインをしていくには、そのプロセスにおいて学生が自律的に自己の将来決定を下して行かなければならない。悩みや不安、疑問を解消するための真偽のわからない曖昧な情報は、そのプロセスの中では遮断すべきである。

それでは、学生が自律的に自己のキャリア・デザインに悩み、そして疑問や疑念が沸いた際に彼らを側面から支援することができるのはどのような存在であろうか。

それは学生時代の特有の心理的成長発達過程における理論的対処ができ、かつ、就職に関する知識を豊富に有する存在である。それは、つまりキャリア・カウンセラーであり、彼らこそが学生の自律的な意思決定を促す補助者であり、相談の過程で学生のコミュニケーション能力を高める役割を果たすのである。辻太一朗が「コミュニケーション力とは自分の言いたいことを言う能力ではなく、相手の話を聞き、それを理解する能力をいう」（辻2010:141）という指摘するように、カウンセラーとの長期間におけるカウンセリングの過程の中で自分の考えを述べ、相手の話を聞くことで、学生は貴重なアドバイスと共にコミュニケーション能力も磨くことができるのではないだろうか。

第4章　キャリア・カウンセリングとキャリア・カウンセラー

第1節　キャリア・カウンセリングとは

キャリア・カウンセリングという言葉は、就職に関する助言や支援を行うという意味で日常的に使用されているが､その定義が固まっているものではない。しかしながら、一般的には個人が主体的に自己のキャリアの選択と決定できるように他者が支援する行為を言い、個人の興味、能力、価値観、その他の特性をもとに、各種の支援と助言をすることを指している。社団法人日本産業カウンセラー協会の場合､キャリア･カウンセリング(ここでは産業カウンセリング)を「職業、キャリア、生涯のキャリア、キャリアに関する意思決定、キャリアの計画、そのほかのキャリアに関する諸問題やコンフリクトについて、資格のもつ専門家が、個人または集団にはたらきかけ、援助する諸活動である」と定義づけている。（産業カウンセリング協会2000:13）同様のカウンセリング、アドバイジング関連の資格において、標準的なカウンセラーのカリキュラムは以下のようなものである。

a．顧客支援のためのコミュニケーション技術

顧客との間に良好な関係を築き上げるための基本スキルを身につけ、顧客が求めるキャリアについて支援と助言ができる対話能力を身につける。この場合における顧客には一般的な社会人の他にも学生や高齢者、障害者など、就職におけるカウンセリングを希望する全ての人々を含む。

b．法律的問題と倫理的問題についての知識

顧客に対応するときの法律的観点と倫理基準について熟知する。

c．アセスメント（評価）

キャリア・デザイン支援の各種評価・統計ツールに関する実践的知識を身につける。そしてその結果としてのアセスメントについて、解釈と利用ができる。

d．労働市場情報についての知識

キャリア情報や労働市場情報を自ら理解するとともに、他の人がこれを理解したり見つけ出したりすることを助けることができる。

e．リクルート活動（求職活動）の技術

求職活動における基本的マナーや身だしなみ等について顧客に的確な指示を与えることができる。

f．キャリア・デザインにおける立案と実施

顧客のキャリア・デザインについて立案し、その実行と評価を支援することができる。

この中で最も重要な能力はaの顧客支援のためのコミュニケーション技術である。学生に対するキャリア教育やキャリア・デザインプログラムが有効に機能するかしないかは、ひとえに、顧客のニーズに対応するキャリア・カウンセラーのコミュニケーション技術に依存する。キャリア・デザインプログラムにより、学生が自分のやりたいことを発見し、その後にこれを現実に可能にするためのアドバイス、または時にはそれを諦めさせて路線変更を促すようなアドバイスをし、結果として学生・就職市場・企業の三者を仲介するものがキャリア・カウンセラーの役割である。キャリア・デザインプログラムによって各学生の頭の中に形成されていく自己将来像や理想的人生設計を具体化するためには、キャリア・カウンセラーは客観的に本人に対し、何が不足し、どのようなスキルや能力を身につけるべきか、さらには、就職というものは本人の努力だけで決定できるものではない流動的なものであることを理解させることが必要であろう。

第2節　キャリア・カウンセラーの役割

現在、多くの大学においてキャリア・カウンセラーを雇用しキャリアセンターや就職課窓口等で学生相談を受け付けているのはよく知られているところである。しかしながら、カウンセラーは現在のところ、あくまでも学生が窓口に相談しにやって来た時にのみ対応するのが常である。彼らは特に大学の提供するキャリア教育プログラムと連動してカウンセリングを行っているのではない。

キャリア教育はあくまでも教員が実施する教育カリキュラムの一部である場合が多く、こうした正課授業に対して非教員であるキャリア・カウンセラーがプログラムに関与することは少ない。キャリア教育のおけるキャリア・デザインは自律的に自己の職業観を養いそしてキャリアに関する生涯の計画を作り上げていくことを目標としているが、その本人は社会にまだ本格的に出ていない、多くが20代前半の青年である。こうした青年に対して、自己の生涯にわたるキャリア・デザインを考えさせ自己決定を促すことは、そもそも難しい。よって、こうしたプロセスにおいて、就職に関する情報を多く有し、学生期特有の成長発達過程についても熟知している専門のカウンセラーがキャリア教育におけるキャリア・デザインプログラムに積極的に関わることが必要なのである。

その関わり方は各大学のキャリア・デザインプログラムに応じて様々であるべきだが、少なくても、学生が自己のキャリアについて考え始めてから就職するまで、更に言えば卒業するまで継続的に学生の相談にのり、アドバイスをできるような体制をつくるべきである。その場所はキャリア・カウンセラー専用の部屋でもよいし、キャリアセンターや就職課窓口でも構わない。重要なことは、キャリア教育を実施するにあたり、積極的にカウンセラーの利用を促し、その結果、増大するであろう相談希望の学生数に対応できる数のキャリア・カウンセラーの数を増員することである。

多くの大学のキャリアセンターで、就職相談希望の学生が列を作って就職課職員やカウンセラーを順番待ちしている現状があり、中には待つことを嫌がり相談をせずに帰って行く学生も少なくないはずである。十分な数のキャリア・

カウンセラーを設置することは、キャリア教育がうまく機能する要であろう。

もう一つの問題点としてカウンセラーの質の問題がある。カウンセラーの質とは、カウンセラーが学生の相談を受けて応答する際の拠り所の部分の問題である。つまり相談を受けて、その返答を自分個人の経験から得た知見のみを基にして答えているのか、それとも経験に加えてカウンセリング理論に基づいた対応もしているのかどうかということである。

職業についてカウンセリングを受ける人々の相談内容は様々である。定年退職してから再雇用を目指す人、30代で転職しようとしている人、大学生で就職活動をしている人など、その具体的相談内容は様々である。こうした人達の相談に対して包括的に説明することのできるカウンセラー個人の経験則は存在しないし、広く知られた歴史あるカウンセリング理論もないのが現実である。学生から相談に対し、自分の経験だけをもとにしたカウンセリングをするべきではなく、カウンセラーとして適切なカウンセリング理論を習得しておく必要がある。これまで培った社会人としての経験も、そしてカウンセリング理論もまた様々なアプローチがあり、相談される内容によって理論と適用の仕方を変えていくべきものであり、キャリア・カウンセラーの役割は今日の学生に対して有効であると思われるキャリア・カウンセリング理論をうまく現実に適合させて、これを自己の経験をも交えて効果的にカウンセリングに用いることである。

その際に重要であることは理論とはあくまでも理論にすぎないことであることを認識し、異なるそれぞれの学生の現実に対して理論がうまく機能しないことが多いことを理解しておくことは非常に重要であろう。

第3節　キャリア・カウンセリング理論

キャリア・カウンセリングに関する理論は様々なものがあるが、その中でもシャインの成長発達理論とクランボルツの理論は多くの実践家に取り入れられて、その有効性も確認されているものである。若者の成長・発達過程を抽出したシャインの発達理論は学生の興味や適職を探すという場面でキャリア・カウンセリングに非常に有効な示唆を与えてくれるものである。また、シャインの理論に立脚して発見することができた自己将来像をどのように現実化させていくかについては、クランボルツの理論が有効であると言える。

(1) エドガー・H・シャインの理論

シャインの理論は、周囲からの影響に適切に対処できないと人間は組織や集団に適応できないという問題への興味から始まっている。個人の組織への依存と組織からの自律とをめぐる対立がもたらす緊張のなかで、各人が自身の自由を守ろうとする力で対抗し、自律するための対処を理論化したものである。この理論は組織と個人とをめぐる依存と自律を扱うものであり、今日の大学生が将来への不安を安定した企業へと託す心理と、自己の私的自由を守ろうとする心理をうまく代弁することのできる理論であると言える。シャインはキャリアには外的キャリアと内的キャリアの2種類があり、それぞれは連動していると述べている。(Schein 1993=2003:35-6)

外的キャリア・・・履歴書に記載された学業成績や課外活動など学校生活の実績を客観的に示すもの
内的キャリア・・・仕事への意欲や使命感、充実感など、働くことにかかわる様々な心理状態を主観的に示すもの

またシャインは個人が自己の将来像を構築していく中で指標となるべき座標をキャリア・アンカーと呼んだ。(Schein 1993=2003:42) キャリア・アンカーは3つの要素で構成されており、a. いろいろな仕事環境での成功体験に基づく自覚された才能と能力、b. 現実の場面での自己診断や他者からの評価に基づく自覚された動機と欲求、c. 自身の考え方と、働く集団、組織や仕事環境の規範および価値との衝突の経験に基づく自覚された態度や価値の3つがあるとした。さらにシャインはその座標たるキャリア・アンカーの種類として次の8種類を挙げ、これに対応する9個の段階があるとした。この9つはその各段

階でとるべき行動と態度が周囲から期待されており、我々はその社会的圧力を受けつつ自身の希望を達成しようとするのだと語っている。

8種類のキャリア・アンカー

a. 専門能力、b. 経営管理能力、c. 安定、d. 起業家的創造性、e. 自律、f. 社会への貢献、g. ライフスタイル、h. 挑戦

9個のキャリア段階

① (0～21歳) 成長、空想、探求
② (16～25歳) 仕事の世界へのエントリー
③ (16～25歳) 基本訓練
④ (17～30歳) キャリア初期の正社員資格
⑤ (25歳以降) 正社員資格、キャリア中期
⑥ (35～40歳) キャリア中期の危機
⑦ (40歳から引退まで) 非指導者役にあるキャリア後期
⑧ (40歳から引退まで) 衰えおよび離脱
⑨ 引退

シャインは個人と組織との調和過程、すなわち個人と会社の調和を人間の一生涯に渡るキャリアの中での重要目標とし、これに向けた計画を立案することを勧めている。これは、組織の長期目標の達成にむけて効果的な機能をねらった個人に対する4種類の調和計画を指している。

① 仕事の種類と必要な人的資源を入手するための配員の計画
② 人的資源の最大活用や、最適水準の成長と開発の確保、高い水準の仕事が持続するための成長と開発の計画
③ 働く意欲の喪失、気力や技能の低下、加齢とともに変化する個人の欲求、昇進機会の欠如、退職などを処理するための伸び悩みと離脱に関する計画

④　組織と交代する組織構成員の双方にとって、最適な体系および適切な交代要員を確保するための交代と再配員の計画

(2)　クランボルツの理論

シャインの理論が若者の成長と発達の過程を体系化したものであることに対して、クランボルツは、キャリア開発は学習の課程の経過するそのプロセスそのものの結果であるとし、キャリア・デザインにおけるキャリア・カウンセリングのステップとして次の6ステップを提案している。(Krumboltz 2003=2005:114-5)

①　解決すべき問題の明確化、選択可能な選択肢を明らかにする
②　課題解決のための行動計画をたてる
③　キャリア選択において大切にしたい価値を明確にする
④　その他の代替案も作成する
⑤　予測される結果を考える
⑥　さらに情報収集し絞り込む
⑦　実行、行動に移す

さらに、クランボルツはプランドハプンスタンスセオリー（Planned Happenstance Theory）を提案した。これは、キャリアが「たまたま」の偶然の予期せぬ出来事からも形成され開発されるものであり、これらを我々が大いに活用し、必然化することを提唱するという考え方である。

個人のキャリアの8割は予想しない偶発的なことによって決定されるのだとし、その偶然を計画的に設計し、自分のキャリアを良いものにしていこうという考え方を指している。つまり、人生に予期せぬ出来事が起きることは当然であり、それが個人のキャリアを偶然的に左右してしまう。いかに綿密にキャリア・デザインを設計していたとしても、偶然の出来事から逃れることは不可能である。そうだとすればそれら偶然の出来事を避けるのではなく、起きてしまっ

たことを積極的に受容し、これを最大限に活用する。さらにはそんな偶然を積極的につくりだすよう努力し、キャリア・デザインに役立てていくことが重要であるという理論である。このような偶然をクランボルツは「計画された偶発性（Planned Happenstance）」と呼び、以下の行動特性を持つ人に起こりやすいと述べている。（Krumboltz 2003=2005:73-4）

① 好奇心（Curiosity）： 新しい学習機会の模索する
② 持続性（Persistence）： 努力することを止めない
③ 柔軟性（Flexibility）： 新しい機会を「実現可能」と捉える
④ 楽観性（Optimism）： 信念、態度、行動を変えることに躊躇しない
⑤ 冒険心（Risk Taking）： たとえ結果が不確実でも行動に移す

この「計画された偶発性」という概念は学生のキャリア・デザインに意味のある概念である。なぜなら、いくら大学がキャリア教育を通して学生に自己のキャリアを考えてもらうようにキャリア・デザインプログラムを提供しているとしても、学生の作り出すそのデザインはあくまでも机上または頭の中での計画である。現実に就職活動をしていけば、そのようなデザインが当初の計画通り実現することは稀である。その過程において、発生した不測の事態が、実のところは既に予期されていたのだ、と捉え直すことが出来たならば、そのような場面に怯むことなくさらにその偶然を意図的に取り入れ、その都度に自己のキャリア・デザインを修正していくことができるであろう。

自分の目指す将来像と方向性さえを失うことがなければ、その過程で多少の不測の事態や失敗があったとしても目標に向けて地道に取り組んでいけば、やがては目標地点に到達することができるのであるから、目先のことに一喜一憂すべきでないと考える理論である。キャリア・デザインを遂行するということは転機に恵まれるかどうかということではなく、不利な状況や機会をも自己に取って必要な機会と捉え直すことである。さらに取捨選択した上で一方を放棄することや、その取捨選択の過程そのものをいうのであるから、クランボルツ

のこの理論は学生が望みの職業に一時的に就けなかった際に有効な理論であると言えよう。

(3) キャリア・カウンセリングの方法

キャリア・カウンセラーの中には、顧客（ここでは学生）に対して、適職だとかやりたい仕事というものを考えさせることばかりに注力するという批判もある。しかしながら、その適職をどうやって得るかという現実的方法論について説明ができないカウンセラーも少なくない。キャリア・カウンセラーと他の種類のカウンセラー、例えば心理カウンセラーとの違いは、前者は自分の心を掘り下げるのみでなく、その心理の実現のための具体的方法、即ち、求職活動の方法についての知識を有していなければならないということである。

本人のやりたい仕事だからといって、無責任にこれを応援することが適切なのかどうか。やりたい仕事を追求する際のリスクを開示しつつ、本人の自己決定を促し、就職活動の成否について本人の納得がいく支援をしなければならない。

キャリア・カウンセラーに必要なことは、学生のキャリア・デザインの方法について、学生の心身両方の成長発達過程理論を知ることに加えて、現実と夢や願望との相克の対処方法、実践的な就職活動方法についての知識と経験を備えていなければならないのである。

学生がやりたい仕事、目指したい職業について、自己を十分に掘り下げ分析させ、学生に自己との対話を促す。彼らが認識する自己像を描きだし、さらに両親や友人等に自分自身のことについてインタビューをすることにより、他者が認識する自己像を把握する。

さらに自分の誕生から現在までの活動歴を時系列に書き出すなど、様々に視点を変えて自分という存在を見る努力をする。言うなれば自己の年表を作る試みである。自分の過去を時系列に書き出し、それぞれの事象に対してコメントを付け加えていくことで自分の知らなかった一面を知ることができるであろう。このような自己分析の過程は、キャリア・デザインにおけるあくまでも一部分であるが、こうしたプロセスを通じて学生は自分の方向性を定めていくのである。

これまでのキャリア教育におけるキャリア・デザインプログラムはこうした過程、つまり学生が自己分析を行うプロセスにおいてキャリア・カウンセラーの関与が少なかったといえる。それは、殆どの大学において、多くの学生に対応するだけのキャリア・カウンセラーの数が揃えられていなかったこともあるだろうし、また、キャリア・カウンセラー自身がこのような学生の自己分析について助言できるだけの知識や経験を持ち合わせていないことが多かったからである。

これまでのキャリア・カウンセリングに対する批判の一つに彼らが過度に心理学的側面である心の成長発達理論に重きを置き、就職活動の実践的側面、つまり、労働市場に関する知識や個別具体的な企業の雇用関係情報に疎いということがあった。キャリア・カウンセラーは学生のキャリア・デザインにおいて、彼らの潜在的な志望職業を顕在化させることを支援するとともに、これを現実の職業にマッチングさせ、その実現可能性についても助言する必要がある。つまり夢を語らせるだけでなく、夢を現実にすることができるような具体的なアドバイス、たとえば「この職業につくためにはあなたには何々のスキルが足りないから、何々ができるように努力した方がよいですよ」というようなアドバイスである。

また、その夢は現実的に考えると、マッチングするような職業がなかったり、実現することが不可能に近いようなものであった場合には、論理的にそれが難しいことを説明し、納得してもらった上で進路変更を促し、再考させるという支援が必要である。

キャリア教育におけるキャリア・デザインとは自律的に自己決定ができるように支援するプログラムであるが、その過程においては、学生一人の頭の中で考えることが時として極端な方向や間違った方向へ選択してしまうことを防ぐために、就職に関して適切な知識と十分な経験を兼ね備えたカウンセラーの支援が不可欠なのである。

(4) キャリア・カウンセラーの質と量

キャリア・カウンセラーとして最も適任だと思われるのは、企業での就業経験があり、かつキャリア・カウンセラーとして就職に関する知識を十分に備えている者である。就職に関する知識という部分では、後述するようないわゆる標準レベルのキャリア・コンサルタントとしての資格を取得している者が望ましいと思われる。

キャリアに関して専門的知識をもとにして相談を受ける者を一般的にキャリア・カウンセラーと総称するが、その他にキャリア・コンサルタントと呼ばれたり、キャリア・アドバイザーと呼ばれたりすることも多い。同様な業務をしているにも関わらず呼称が一定でないのは、2002年に厚生労働省が発表した「キャリア・コンサルタント5万人計画」が発端である。この計画が発表されてから民間資格としてのキャリア・カウンセリングの資格講座や認定試験が開始されることになった。雇用の流動化が叫ばれ始めたことを背景にして、官民合同で5万人のキャリア・コンサルタントを養成することを目標にしており、独立行政法人雇用・能力開発機構が養成講座と認定試験を最初に開始した。5万人のカウンセラーが必要といえどもその質が低くては問題であるため、厚生労働省が策定したカウンセラーとしての標準スキルを設定し、これを達成するプログラムを養成口座とすることで、民間企業に資格認定を促している。その後、人材派遣会社や心理系カウンセラー養成講座を実施する各種団体などが、それぞれ厚生労働省の認可を受けて養成講座と認定試験を実施し、今に至っている。

また、2008年からは、キャリア・コンサルティング技能検定という国家検定資格が登場した。これは、技能検定職種のひとつであり、キャリア・コンサルティングの知識と技能を図るものである。学科試験と実技(論述及び面接)試験で構成され、両者に合格することにより試験等級に応じた「キャリア・コンサルティング技能士」の称号が与えられる。「2級キャリア・コンサルティング技能士」は相談者の抱える問題・課題などを見立てることが可能になり、1対1の相談支援が満足に行える水準を目指したものである。「1級キャリア・コンサルティング技能士」の場合はそれに加えて、組織への働きかけや依頼、利害関係者とのコーディネート、管理能力が要求される水準であり、クライアントの不安を解消し、成長を支援できるようなアドバイスを行う。

<標準レベルキャリア・コンサルタント>

キャリア・カウンセリングは業務独占資格ではない。各種機関が養成講座を実施して資格を与えているが、これらは国による標準レベルの養成カリキュラムに基づいて策定されている。さらに、厚生労働省の外郭団体でもある特定非営利活動法人キャリア・コンサルティング協議会により指定された機関の試験に合格した者を、標準レベルキャリア・コンサルタントと呼んでいる。標準レベルキャリア・コンサルタントの対象となる団体の講座を受講し、試験に合格すると、各団体が定めた資格を得られると共に、標準レベルキャリア・コンサルタントと名乗ることができる。

下記の図表11はこの標準レベルキャリア・カウンセリング資格であり、厚生労働省が定めた標準レベルの養成カリキュラムに基づいて、資格の認定がなされているため、試験の実施と資格認定の団体は様々にあるが、カウンセラーの質は均一に保たれていると言える。

図表11「キャリア・コンサルタント養成研修実施団体」

プログラム実施団体名	カウンセラー資格名称
株式会社エスジーケイ	ICC キャリア・コンサルタント養成講座
株式会社学宣	キャリア・コンサルタント養成科
株式会社テクノファ	キャリア・カウンセラー養成コース
株式会社東京リーガルマインド	キャリア・コンサルタント養成講座
株式会社日本マンパワー	キャリア・カウンセラー養成講座
株式会社日本ライセンスバンク	CDA キャリア・カウンセラー養成コース
株式会社フルキャストHR総研	キャリア・コンサルタント養成講座

株式会社ライトマネジメントジャパン	キャリアマネジメント・コンサルタント養成講座
株式会社リクルート	GCDF-Japanトレーニングプログラム
公益財団法人日本生産性本部	キャリア・コンサルタント養成講座
財団法人関西カウンセリングセンター	キャリア・コンサルタント養成講座
社団法人日本経済団体連合会	キャリア・アドバイザー養成講座
社団法人日本産業カウンセラー協会	キャリア・コンサルタント養成講座
特定非営利活動法人ICDS	ICDSキャリア・コンサルタント養成講座
特定非営利法人キャリア・カウンセリング協会	GCDF-Japan トレーニングプログラム
特定非営利活動法人社会教育ネット	キャリア・コンサルタント養成講座
独立行政法人雇用・能力開発機構	キャリア・コンサルタント養成講座
独立行政法人労働政策研究・研修機構労働大学校	職業指導ⅡA
日本ドレーク・ビーム・モリン株式会社	キャリア・カウンセリング・マスタープログラム
有限会社キャリアサポーター	ICDSキャリア・コンサルタント養成講座
有限責任中間法人人材開発協会	キャリア・カウンセラー養成コース

特定非営利活動法人キャリア・コンサルティング協議会HP
(http://www.career-kentei.org/)
「キャリア・コンサルタント養成研修実施団体コード表」より

しかしながら、このように内容は同様であっても呼称が様々であると、各種資格に質的差異があるのではないかという誤解が生まれてしまう。よって2007年におけるキャリア・コンサルティング協議会の報告書「キャリア・コンサルティングに関する実態調査結果報告書」において「過半数の会社で資格呼称や内容に団体のばらつきがあることに疑問が呈された。業界として扱いづらく、キャリア・コンサルタントとは何かということになってしまうという恐れも一部では語られた。」と指摘している。こうした意見を踏まえ、国の技能検定制度の一種として特定非営利活動法人キャリア・コンサルティング協議会が実施する、前述の「キャリア・コンサルティング技能士」が新しくつくられた。このキャリア・コンサルティング技能士はカウンセラーとしての能力を2つのレベル、即ち、2級、1級と分けられている。これは、各種団体が実施するカウンセリング資格の上にさらに厚生労働省の外郭団体自らが資格を創設したわけであり、この結果、カウンセリング資格の呼称に関する一層の誤解を招きかねない事態を生じさせている。

しかしながら、最終的にはこのキャリア・コンサルティング技能士へキャリア・カウンセラー資格が収斂していく可能性が高い。なぜなら下記の2級受験要件の通り、キャリア・コンサルティング技能士試験は標準レベルカウンセリング試験を土台とした上位資格の位置づけとなっているからである。例えば2級キャリア・コンサルティング技能士を受検するには、原則として5年以上の実務経験が必要とされ、標準レベルキャリア・コンサルタントの者は3年、標準レベルキャリア・コンサルタント養成研修と同等若しくはそれ以上の養成研修を受講し修了した者は4年の実務経験でよいとされている。このようにキャリア・カウンセラーの質という問題は、上図表11の22団体が実施する養成プログラムにおいては均一とされ、質的な問題はないとされる。しかしながら、キャリア・カウンセリングは業務独占資格ではないために誰でもがキャリア・カウンセラー等の名称を呼称することが可能であり、その意味で一般大衆からは誤解を招きやすい。上記、国の技能検定制度としてのキャリア・コンサルティング技能士検定が出来上がったことで、今後は多くの標準レベルカウンセラーがキャリア・コンサルティング技能士へ移行していくことが予想される。この移行がうまく行けば、キャリア・カウンセラーにおける質的な問題はもちろんのこと、名称的な問題も解決していくことが期待されている。

ここで重要なのはキャリア・カウンセラーの質と量の問題である。現在であってもキャリア・カウンセラーは多くの大学で常置されているが、たいてい各大学で数名単位の規模である。これでは、大規模校でも小規模校であっても学生数百人に対してカウンセラー1人ぐらいの割合になっても仕方ない数である。

質の高いキャリアをデザインするためには学生の視点に加えて第三者の冷静な意見と専門家のプロフェッショナルな知識が必要である。適職を見つけ、就職するには本人の適正と希望を見極め、これを労働市場と個別具体的な企業とマッチングさせることである。こうした意見と知識を学生とキャッチボールするのがキャリア・カウンセリングである。よって、大学生のキャリア・デザインにおいては一人一人の学生が何度もカウンセラーとキャリア・カウンセリングをできる環境が重要である。カウンセリングを中心とした就職指導は良いキャリア・デザインにとって必須事項なのである。

第5章　学士課程教育のなかのキャリア・デザイン

第1節　「学生課程教育の構築に向けて」

中央教育審議会が、平成20年12月に答申した「学士課程教育の構築に向けて」には、喫緊の課題とされる、教育の質保証や、国際的通用性を備えた大学像が具体的に述べられており、大変重要かつ貴重な答申である。また3年前の平成17年における中央教育審議会「我が国の高等教育の将来像」答申も、「現在、大学は学部･学科や研究科といった組織に着目した整理がなされており、今後は教育の充実の観点から、学部･大学院を通じて学士・修士・博士・専門職学位といった学位を与える課程中心の考え方に再整理していく必要がある」と提言している。前者の平成20年学士課程答申では、我が国において、学士課程教育を構築するには、学部・学科等の縦割りの教学経営が、学生本位の教育活動の展開の妨げになっているとして修正を求めている。そしてこの中で、大学4年間の学部課程での教育のことを「学士課程教育」と定義づけている。学士課程教育の目的は、職業人の養成にとどまるものではないとし、民主的で健全な社会を支え、その改善に取り組む一般市民や、生涯学び続ける学習者を育成すること、そして革新的研究に邁進する研究者を育てることなど様々な役割と機能を担っていることを明らかにしている。各大学は、このことを踏まえ、学士課程を通じて学生が修得すべき学習成果の在り方について考えるべきであるとし、学生が生涯にわたるキャリアについて主体的に考える機会をもてるようなプログラムを提供すべきことを示唆している。

答申中で、問題となっているのは教育内容や教育方法、その評価を通じた「質の管理が緩い」ということである。教育の質の問題を放置すれば、我が国の学士課程教育の質は、大きく低下し信用を失いかねない。質の維持・向上に努力せず、社会からの負託に応えられない大学は今後、一層厳しい状況に追い込まれるであろうと警告している。そして、各大学が「学位授与の方針」、「教育課程編成・実施の方針」、「入学者受入れの方針」の三つの方針を明確に示すことが重要であると述べている。これら3方針は平成17年の「将来像答申」で使用された言葉「ディプロマポリシー」、「カリキュラムポリシー」、「アドミッションポリシー」を言い換えたものであり、教育の質が保証された学士課程教育とは上記3つの方針が十分に達成されたものであると言うことができる。

第2節　学位授与の方針

「学士課程教育の構築に向けて」答申の中で言及される「学位授与の方針」とは「我が国の高等教育の将来像」答申におけるディプロマポリシーのことであり、学生の卒業時における戦略である。これまでの大学が学生に対して修得すべき学習成果を明確化してこなかったという反省に基づき、「何を教えるか」ではなく「何ができるようになるか」に力点を置くことを求めていることに特徴がある。諸外国の教育課程においては、学生の修得すべき学習成果を重視したカリキュラムとなっており、それぞれの大学の個性に応じた「学位授与の方針」を具体化しているが、日本においては学習成果を重視した課程編成となっていない。なぜなら、日本の大学の場合、各大学が掲げている教育研究上の目的や建学の精神が抽象的であることが多く、学士課程で学生が身に付けるべき学習成果をそこに明確化すべきであるという考えが浸透して来なかったからである。

これを改善していくためには、学士課程教育における教育の質を確保するという観点から、学生の学習成果を明確にするため、「学位授与の方針」や教育研究上の目的を明確化し、その実行と達成に向けて教育活動を展開していくことが必要となる。明確な学習成果とは、学修の結果、自分ができるようになったことと、自分のしたいことを踏まえ、将来に対する自己の未来像を描けるようになることも含まれる。「学士課程教育の構築に向けて」答申では、こうした学士課程教育が共通して目指す学習成果を「学士力」とし「学位授与の方針」等の策定に向けた参考指針として位置づけている。

具体的な指針として大学に期待される取り組みとしては、教育研究上の目的や「学位授与の方針」を明確で具体的なものに定め、学外に対しても公開するということである。そして、学士課程における学士力の内容を示すことにより、各大学における「学位授与の方針」の策定や分野別の質保証の枠組みづくりを支援することでもある。学士力の内容については本稿の第二章で述べているが、この内容は大きく下記4つに分かれるものである。

(1) 知識・理解　(2) 汎用的技能　(3) 態度・志向性　(4) 総合的な学習経験と創造的思考力

このうち特に (4) 総合的な学習経験と創造的思考力については、キャリア・デザインプログラムの中でインターンシップが果たす役割は大きいと思われる。三川俊樹は、インターンシップを体験する意義を「授業や教科書など座学だけではどうしても漠然となりがちなキャリア・デザインについて、実習という実践的な体験を通じてより確かな手がかりをつかむことにある」(三川2009:60) と述べている。インターンシップとは、1997年に文部省・通商産業省・労働省が共同で発表した『インターンシップの推進に当たっての基本的考え方』の中で「学生が在学中にみずからの専攻、将来のキャリアに関連した就業体験を行うこと」と定義されている通り、企業等において実習経験をする制度のことである。インターンシップの発祥の地アメリカでは「企業が主催し、そこに学生が参加する形態」のことをインターンシップといい「大学と企業が提携し、大学教育の一環として行う」ものをコーププログラムと呼称している。わが国でインターンシップという場合、この両者を総称したものである。文部科学省・経済産業省・厚生労働省においては、インターンシップを「学生が在学中に自らの専攻、将来のキャリアに関連した就業体験を行うこと」と定義している。アルバイトが経済的な価値観に重きをおいたパートタイム労働であるのに対して、インターンシップは「学習」にウエイトが置かれており、将来の職業選択にむけて、特定の企業や職場体験あるいは将来にむけたキャリアアップといった実践体験の価値に重きがおかれていると言える。

中央教育審議会による「学士課程教育の構築に向けて」答申において使用さ

れる用語「学士力」の中で、その内容4つのうちの1つである「総合的な学習経験と創造的思考力」を育成するのに最も適した方法がインターンシップである理由は学生にとって以下のようなメリットがあるからである。

・キャリア・デザインに対する意識や職業適性が明確になる

・実践的な経験を身につけられる

・社会に出るまでに自分に何が不足しており必要なのかが明確になる

また関西大学の品川哲彦氏によれば、インターンシップを通じて「送出側・受入側が若い世代の成長を促す環境を作る」（品川 2006:10）という。さらに社会人としてのマナーを身につけられるなど広義の教養教育が実践できるため、キャリア教育の一環として効果があることを述べている。

第3節　教育課程編成と実施の方針

サブタイトルが「学生が本気で学び、社会で通用する力を身に付けるよう、きめ細かな指導と厳格な成績評価を」となっており、本答申の核となる部分である。(1) 教育課程の体系化、(2) 単位制度の実質化、(3) 教育方法の改善、(4) 成績評価の四点に分けられているが、学生のキャリア・デザインという観点からは (1) 教育課程の体系化が重要である。大学設置基準が大綱化されて以降、科目区分、必修教科などの見直しが進展し、学部・学科等の改組が活発に行われてきた。こうした組織改変の中で各大学では、現代的な課題、例えば国際化に関する教科であるとか学生の学力低下問題に関連する教科、また学際的な取組みを目指した動きが目立つようになってきている。最近、大きく導入されてきた科目・内容としては、授業を英語で行う科目やレポート作成の訓練、インターンシップなどの科目があり、こうしたカリキュラム改革の進展で、学生の選択幅が拡大してきていると言える。社会的ニーズに応えようとして各大学の努力が見られるのだが、こうした新しいカリキュラムが、学士課程教育の中で教育の質を高めていくことに役立っているのかどうかは不明であると答申は述べている。

教育課程編成の中で教育の質を高めていくためには、カリキュラム内で科目内容が様々であったとしても、それが「学位授与の方針」と齟齬をきたすことがないことが重要である。また、キャリア教育における学生のキャリア・デザインが重要だとしても、これを導入することによって、他の基礎教育の後退化を招くようなことは避けなければならない。

同答申の中では「若年人口の過半数が高等教育を受けるというユニバーサル段階においては、自己決定力の未熟な学生も目立つ中、入学してから時間のゆとりを持って専門分野を選択、あるいは柔軟に変更できる仕組みづくりも検討課題とすべきである」と述べられている。さらに「大学設置基準の大綱化により、基礎教育や共通教育の担い手であった教養部が改組され、その多くが廃止された。その結果、個々の教員には、研究活動や専門教育を重視する一方、基礎教育や共通教育を軽んじる傾向も否めない」と指摘しており、各大学が、基礎教育や共通教育の望ましい実施と責任体制について、改めて取り組むことを求めているのである。

それでは望ましい教育課程編成と実施のための具体的な改善方策とは何であるか。その方策の一つとして学士力との関係において、英語等の外国語教育においてもバランスのとれたコミュニケーション能力の育成を重視すべきということであろう。

また、国や自治体による支援・取組みとして、産学間の対話の機会を設け地域が一体となって学生のキャリア・デザイン能力を高めていく必要がある。その手段の一つとして、また会社とっては大学の活力を企業に取り組む一助として、インターンシップの推進に向けた環境整備を進めることが重要である。

第4節　入学者受入れの方針

「入口」の課題であるアドミッションポリシーである。サブタイトルには「高等学校段階の学習成果の適切な把握・評価を」とあるように、入学者の選抜方法のみならず、高等学校との連携も重要なポイントである。したがって、答申においては、入学者選抜と初年次教育上の配慮に分けられている。本稿では学生のキャリア・デザインに関係が深い入学者選抜について言及する。

入学者選抜における現状と課題として、大学受験層人口の減少に伴い、学生にとっては大学への入学が容易となってきているという状況がある。しかしながら、受験倍率の高い選抜性の強い大学も依然として残っている一方、入学定員を充足できず､受験すれば殆どの者が合格するという大学も増えてきている。このように、受験者確保をとりまく状況が二極化しているが、大学への入学は全体として容易となってきていると答申は述べている。いわゆる大学全入時代においては、多くの大学で入学試験の選抜機能が低下し、入試によって入学者の学力水準を担保することが困難な状態になりつつある。また、これと同時に学生の他者間とのコミュニケーションをする力が弱まってきているのではないかということが問題となっている。

入試の難易度低下と学生のコミュニケーション力の低下という減少の間には相関性は見出されないが、現象としてはそういう事実があるということが言われている。受験層人口の減少は、推薦入試やAO入試の導入を加速させ、大学進学者は一定の学力を有しているとの前提の下、必ずしも学力検査を課さない試験形態を普及させており、学力検査を伴う大学の一般入試の割合は低下してきている。

こうした状況の中でいかにして教育の質を保証していくか。学生の全入時代を迎え、大学が学生を選抜する時代から、学生が大学を選択する時代に移っており、各大学の入試の在り方はますます多様化してきている。そうした状況の中で本答申の「入学者受入れの方針」は、教育の質を保証する観点から、受験生と大学との希望のマッチングを図りながら、時として抽象的とされるアドミッションポリシーの明確化を求めている。

同時に学生のコミュニケーション能力の低下の問題が、これら学力を問わない推薦入試やAO入試の隆盛を促進した部分もある。なぜなら、第2章で述べたように社会や産業界が学生に求めている能力は、個々の学力的能力や優秀な成績ではなく、近年は学生の社交的能力や対人コミュニケーションに比重が移ってきているからである。大学の入試戦略にあっても、いずれ4年後には卒業していく受験生の就職を見越して学生を確保する必要があり、AO入試において学生の社交的能力に選抜基準を置く大学も多い。このような入試戦略は、入学後のキャリア・デザインプログラムを学生へスムーズに導入することに役立つと思われる。

キャリア・デザインを効果的に導入するために、大学は受験生とのマッチングの観点から、「入学者受入れの方針」を明確化する必要がある。その際、求める学生像等だけでなく、高等学校段階で習得しておくべき内容・水準を具体的に示すように努めなければならない。さらに、推薦入試やAO入試の実施については、受験生がその時点で思い描く自己の将来像を語らせることが、キャリア・デザインプログラムの観点から早期の導入教育の一助となり得ると思われる。入試については、それぞれの意義を踏まえ、「入学者受入れの方針」との整合性を確保しつつ、受験生の将来のキャリア構築に資するような適切に実施方法を構築する必要がある。

答申は、「入学者選抜をめぐる環境変化、高等学校での履修状況や入試方法の多様化等を背景に、入学者の在り方も変容しており、総じて、学習意欲の低下や目的意識の希薄化などが顕著となっている」と指摘している。現在、多くの大学で初年次教育が実施されており、そのための教育上の配慮や高大連携が求められているところである。さらに、「補習・補完教育の広がりを安易に是とすることはできないが、大学として、自らの判断で受入れた学生に対して、その教育に責任を持って取組むことは当然であり、必要に応じて補習・補完教育や初年次教育等の配慮を適切に行っていかなければならない。」と述べている。この補習・補完教育は初年次教育と呼ばれることが多いが、この中には学力的な側面の他に、学生の対人的社交能力も含まれていると思われる。つまり他者との対話能力に問題がある学生や自己の将来認識に欠けている者も含めて、こうした学生に対してその能力を補う教育を与えるべきだという意図を読み取るべきである。よって初年次教育の中には、早期キャリア教育であるキャリア・デザインプログラムを導入し、自律的に自己の将来像を描くことができるような施策を施す必要があると思われる。大学に期待される取組みとしての具体的な改善方策は、学習の動機づけや習慣形成のために、そして自己のキャリア形成に向けて初年次教育の導入・充実を図り、学士課程全体の中で適切に位置づけていくというものであろう。友野伸一郎は「初年次教育で学生の意識変容が実現されれば、教員も意識変革せざるを得ない状態がうまれるのではないだろうか」（友野 2010:238）と述べているように、学士課程教育における初年次教育の重要性は高く、そこに含まれるべきキャリア教育の意義も強調されるべきであろう。

第5節　学士課程教育におけるキャリア理論

（1）　キャリア理論の有用性

「学士課程教育の構築」は次代を担う大学生のための大変重要な教育課程である。国際的通用性の高い大学とは、学力としての通用性と共に社交的能力及び将来のキャリアを自律的に構築できる人材的通用性も含まれていると解すべきである。その場合、どのようにして学士課程教育にキャリア・デザインの概念を導入していくべきか。より具体的なアイデアとしては、カリキュラムポリシーの中に、前章におけるキャリア・デザインに関する理論、すなわちシャインのキャリア・アンカーという概念とクランボルツの「計画された偶発性」理論を積極的に取り込むべきではないかと考える。

つまり、学生がキャリア・デザインをしていく過程の第一段階としてシャインの理論を突き詰めてみる。それは学生に対して自己のキャリア・アンカーというものを考えさせることで、自分が何をやりたいのか、自分が何を得意としており、どのようなキャリアをデザインして行きたいのか、ということを自覚させることである。さらに第二のシャインの理論によって学生は自己のキャリア・デザインの前には様々に予期せぬことが待ち構えており、そうしたことを予定に組み入れておくことで突発的事象に対応する心構えを準備することができるのである。自分の能力を客観視し、やりたい仕事、進んで行きたい方向性を把握することは確かにキャリア・デザインが追求する部分であり、シャインの理論の核心である。これまでのキャリア教育ではここまでの部分で終了していることが多く、それ故、学生は自分のやりたい仕事や目指す将来を描くことはできたが、それを実現していく現実的可能性について考えることが少なかった。時としてキャリア教育の有用性に疑問が挙がるのは、キャリア教育で提供するプログラムがこの自己分析で終わってしまっている場合があるからである。

夢に実現可能性を持たせるのは、クランボルツの理論である。不測の事態に直面した時にこれに怯むことなく、迂回する道を見つけ機会を待つなどして、気長にチャンスをうかがうという姿勢が重要であることをキャリア・デザインに組み込むべきである。それは自分のやりたいことを諦めるということではなく、計画された障害に直面するにあたり、やがて到来するであろう好機を待つという考えである。困難があっても、これに直面することは予期されていたことなのだと捉えるのである。

中央教育審議会答申「学士課程教育の構築に向けて」ではカリキュラムポリシーは「何を教えるか」から「何ができるようになるか」という観点へ移るべきであるとしているが、これとクランボルツの「計画された偶発性」は、自己のキャリア・デザインを長期的視点から俯瞰し、短期的な事柄に一喜一憂することなく前進し成長していくべきであるという点で一致するものである。前者のシャインの理論が役立つのは「自己分析」というべき部分であり、一生涯続くライフキャリアという観点から考えればここばかりに焦点を合わせるのは短期的思考である。キャリア教育で提供するためのキャリア・デザインプログラムはここで完結してはならず、クランボルツの理論と結合させることで、学生にとって効果的なキャリア・デザイン理論となるし、また学士課程教育におけるキャリア教育としてふさわしいのではないだろうか。

学生が一生涯続くライフキャリアを築いていくにあたり、個人がいくらキャリア・デザインを綿密に描いていても、計画通りに事が進むことは殆ど皆無である。

例えば、労働市場や個別企業の動向は学生の立場では努力次第で道が開けるものではない。これらの要因に対して学生自身がどう認識し対応するかということが、キャリア教育におけるキャリア・デザインプログラムに問われているのだと言える。つまり、自分の予想と異なる現実に直面した際にその事実をどのように解釈し、自分の中に取り込めるかが問われているのである。そうした現実の受容方法として、クランボルツの「計画された偶発性理論」は有効なのである。いかに周到に設計されたキャリア・デザインであったとしても、偶然の出来事から逃れることは不可能である。そうだとすれば、それら偶然の出来事を避けるのではなく、起きてしまったことは積極的に受容し、これを最大限に活用する。さらにはそんな偶然を積極的につくりだすよう努力し、キャリア・デザインに役立てていくことが重要であるということである。このような考え方をキャリア教育の中で学生に対し、キャリア・デザインプログラムとして提供することは学生の将来にとって非常に有用であり、現実と自己との希望に折り合いをつけさせることにおいてとても効果的ではないだろうか。またこうした認識を学士課程教育のなかに取り込むことで、キャリア教育はその効果を高めることができるであろう。

(2) 学士課程教育とキャリア・カウンセリング

これまで大学で主流として行われているキャリア教育の限界は各個人の具体的事情を取り扱えないということであり、これを解消するためには学生と直接に相対するキャリア・カウンセリングを積極的に導入する必要がある。適切なキャリア・カウンセリングが学生のキャリア・デザインにおいて重要である意味は2つある。

① キャリア・デザインにおけるキャリア・カウンセリングの理論（シャインやクランボルツ、その他のキャリア理論）を系統的に学んでいるのはキャリア・カウンセラーのみである。彼らを通したキャリア・カウンセリングはその資格に基づくトレーニングの中で均質かつ高度なものに鍛錬されている。

仮にどんなに社会人経験が豊かな人が親身に他人にカウンセリングを実施してもそれは自己の体験に基づく主観的な経験にのみとどまるものであり、理論づけられたものではない。カリキュラムの質が保証されたキャリア・カウンセラー（標準キャリア・カウンセラー）は全員が同じ水準でこれらのキャリア理論を習得しており、どの学生にも同質なサービスを提供することができる。学生のキャリア・デザインにおいて、正確で有効なキャリア理論を提供するためにはキャリア・カウンセラーによる相談体制が必要なのである。さらに学生が毎回異なるキャリア・カウンセラーからカウンセリングを受けたとしても、提供されるカウンセリングは一貫したものでなければならず、その意味においてキャリア・カウンセラーの標準資格者から受けたカウンセリングであれば安心できると考えられる。学生という職業人として完全には社会に出ていない者は、将来進路の選択という非常に重要な決断過程において適切な助言と相談相手を必要としており、この相談がただの悩み相談で終わることなく、進路に関する適切な相談、つまりキャリア・カウンセリングであることが重要だと考えられる。よって学生のキャリア・デザインにおいてはキャリア・カウンセリングが大きな意味を持つのである。

② キャリアに関する疑問や質問には必ず２つの側面がある。つまり本人自身の問題と外部的環境の問題の側面である。例えば、「私はA社を受けたいのですが、アドバイスをしてくれませんか」という学生の質問は、２つの側面、即ち、A社を受ける本人の能力や資質の面と、A社を取り巻く労働環境やA社そのものの個別的会社事情という側面である。A社を受験するためには、学生はA社が彼に求める希望求人像というものを満たす必要がある。それは、語学能力であったり、リーダーシップであったり、特殊な事務処理能力であったりするかもしれない。キャリア・カウンセラーによる適切なカウンセリングはこれらの望ましい諸条件を学生が満たすことができるように、例えば、語学検定試験を受けて客観的に証明できるようにするとよいですよと助言したり、学生にリーダーシップがあることを証明できるように、履歴書等の提

出書類に効果的な記述の方法をアドバイスしたりすることができるかもしれない。

また、もう一つの側面である労働市場環境や会社の個別的事情については、例えば、「代表的な輸出型産業のA社は現在の円高事情で非常に苦しい局面にあり採用人数は極端に少ないだろうから、できればB社の方が採用可能性は高いかもしれませんよ」というアドバイスや、「A社は昨年から中国進出を本格的に進めているから中国語のできるあなたにとってはチャンスですよ」というような助言である。

本人の能力や資質に関する助言の部分についてはキャリア・カウンセラーでなくても、一般的なカウンセラーが引き受けられる領域かもしれない。しかしながら、この領域に加えて次々に変化していく労働市場動向や個別の企業状況を的確に把握しているのはキャリア・カウンセラーのみである。学生側の能力や資質にといった学生の成長発達理論に関するカウンセリングについてのみ知識を有する一般的なカウンセラーや心理カウンセラーではキャリアに関するカウンセリングの中で個別具体的な企業状況や労働環境についての助言を適切に実施することは不可能である。また、これら企業状況や労働環境については助言することができる社会経験豊かな人達、例えば定年退職された経験豊富な諸先輩では、学生の成長発達理論に関する心理的なアプローチに精通していないのである。つまり、学生の能力や資質といった若者の成長過程を正確に理解し、かつ刻々と変化する労働環境や企業動向に常に注意を払っているキャリア・カウンセラーが重要なのである。

多くの大学で実施されているキャリア教育において、キャリア・デザインプログラムが有効に機能していくためには、学生のそのときどきの質問に対して的確なアドバイスができるキャリア・カウンセラーを大量に導入する必要がある。ほとんどの大学においてキャリア・カウンセラーが常駐しているのは事実であるが、一校当たりのキャリア・カウンセラー数は非常に少ないのが実情であろう。キャリア・デザインプログラムとキャリア・カウンセリングは車の両輪のように機能すべきものであり、学生のように未だ完全には社会へ職業人として出ていない者にとっては特に、専門家から客観的な第三者の意見とアドバイスを受けることは、理想論に走ることなく地に足をつけた実践的なキャリア観を身につけるために重要なことなのである。

キャリア・デザインプログラムが有効に機能するためにキャリア・カウンセリングが果たす役割はたいへん大きく、その重要性を大学関係者は強く認識すべきである。キャリア教育の限界は各個人の具体的事情を取り扱えないために、自己のキャリア像と現実の雇用環境を結びつけることが難しいということであり、これを解消するためには学生と直接に相対するキャリア・カウンセリングを積極的に導入する必要がある。しかも、キャリア・カウンセリングの回数をただ増やすとか、キャリア・カウンセラーの人数を増員させるということではなくて、キャリア・デザインプログラムと有機的に結合し、学士課程教育における「学位授与の方針」「教育課程編成・実施の方針」と整合性がとれたカウンセリングが求められているのである。学生の個別具体的な事象に対処しつつ、これと教育の質を保証するためのディプロマポリシーやカリキュラムポリシーと連動することが求められるキャリア・カウンセリングが必要なのである。この意味で、学士課程教育におけるキャリア・デザインの中で、キャリア・カウンセリングが就職指導で果たす役割は非常に大きい。

第6章　キャリア教育とプロジェクト・マネジメント

第1節　総　論

プロジェクト・マネジメントは主としてIT分野での管理手法として普及してきた経緯があるが、近年は様々な分野で利用されている。例えば、出版業界における書籍・雑誌の制作や自動車業界における新車種の開発、インテリジェントビルディングの建設や、異業種間でのコラボレーション事業など、枚挙にいとまがない。しかしながら、学校教育の分野においては授業科目としてのプロジェクト・マネジメント学の分野を除いてその手法の普及は進んでいない。

第1章から第5章までは、大学におけるキャリア教育について述べてきた。専門高校の職業教育におけるキャリア教育については、後述するが、職業教育プログラムにおいては、各プログラムをプロジェクト単位で履修する機会が多い。しかしながら、専門高校にはプロジェクトをマネジメントするためのトレーニングを系統的・体系的に学ぶ機会がなく、そもそも、プロジェクト・マネジメントの概念自体が浸透しているとは言えない。このために、キャリア教育プロジェクトの進行が、各クラスまたは各チームで様々に異なることが問題視されている。そこで、本稿では学校で盛んに実施され始めているキャリア教育プログラムにおいて、プロジェクト・マネジメントの管理手法の適用性の可否を論じ、特にそのリスク・マネジメント面において、当該思想及び手法がどのように有効であるかを検討するものである。

第2節　キャリア教育とプロジェクト・マネジメント思想の関わり

キャリア教育とは文部科学省の言葉によれば「一人一人の社会的・職業的自立に向け、必要な基盤となる能力や態度を育てることを通して、キャリア発達を促す教育」である（中央教育審議会、2011）。もともとは、1971年にアメリカの連邦教育局長官マーランドが学生の進路指導に関する新しい教育概念として使い始めた言葉である。日本においては、中央教育審議会がその答申の中で「学校教育と職業生活との円滑な接続を図るため、望ましい職業観・勤労観及び職業に関する知識や技能を身につけさせると共に、自己の個性を理解し、主体的に進路を選択する能力・態度を育てる教育」として初めて提言し、学校教育で取り組まれるようになった教育方針である（中央教育審議会、1999）。文部科学省内に設けられた「キャリア教育の推進に関する総合的調査研究協力者会議」が発表した報告書によると、「従来の進路指導に比べてより広範な活動」を展開すること、また「専門的な知識・技能の習得に重点を置いた従来の職業教育を反省して、働くことや専門的知識・技能の習得の意義を理解させること」が狙いとされ、小学校から大学に至る過程で学ぶ者の発達段階に合わせた職業観と勤労観を養う教育とされ実施されている（総合的調査研究協力者会議、2004）。

こうしたキャリア教育の具体的な実施策としては、インターンシップや社会人による講話、あるいは社会人に対するインタビューや会社訪問、工場見学などがある。大雑把に言ってしまえば若者が自分の将来について考えるきっかけを作ろうとする取り組みはすべてキャリア教育と考えることができる。

このようなキャリア教育のなかで最も代表的なものが、職場体験としてのインターンシップである。インターンシップとは、生徒や学生が在学中に自らの専攻や将来のキャリアに関連した就業体験を行うことであり、学校と企業が連携することにより実施されるものをさす。企業にとっては学生に対し自社の存在をアピールできること、学生にとっては自己の就職に関する適性を測ることができること、そして学校側にとっては社会に対して教育機関としての役割を果たしていることを広報できることにメリットがあると言えよう。

これまで、インターンシップをはじめとするキャリア教育プログラムは、その実施及び運営については教師の経験とスキルに依存しており組織的なプログラム管理はなされてきたとは言えないであろう。

プロジェクト・マネジメントはこのようなキャリア教育の運営と管理に大き

く役立つ可能性を秘めている。なぜなら、キャリア教育は（表1）からわかるように、プロジェクトとしての要件を備え、子どもの職業観を養うという目標のもとで実施期間を定め、一定予算の枠内で複数人により成し遂げられる性質のものであるからである。よって、キャリア教育におけるプロジェクト・マネジメントの手法の導入、とりわけリスク・マネジメントの概念を導入・適用することは有効であると言えよう。

表1　プロジェクト・マネジメントとキャリア教育プログラムの共通点

	プロジェクト・マネジメント	キャリア教育プログラム
1	目標がある	子どもに働くことの意義を理解させる
2	開始ポイントと終了ポイントがある	1週間から数か月の期間がある
3	予算制	企業は一定の予算を組んで実施する
4	一時的にメンバーが協力する	プログラム終了後は通常授業になる
5	複数人で取り組む活動である	企業側の複数人員との協力作業である

キャリア教育は既に小学校・中学校・高等学校の学習指導要領において、その実施が明記されている。例えば高校の学習指導要領においては、その総則において「計画的、組織的な進路指導を行い、キャリア教育を推進すること」とうたわれており、学年のカリキュラム編成上、キャリア教育活動が含まれるべきことを強調しているのである。しかしながら、キャリア教育を実施する上で課題となるのは実際上の活動として具体的にどのようなプログラムを構成し、実施するかということについて現場サイドに一任されてしまっているということにある。教育活動は、対象者である生徒の学力や成長の発達段階、諸条件に準じて方向づけられるべきであるのだから、本来であれば教育の方法や指針は現場の教員に委ねられるべきである。しかし、委ねられるべきである教員がキャリア教育をプロジェクトとして認識しないか、またはプログラムの管理・運用を行うことが難しい場合には、プロジェクトとしてのキャリア教育は有効に機能することができないことは想像に難くない。キャリア教育はプロジェクトで

あり、プロジェクトである以上、プロジェクト・マネージャーの存在が重要なのであるが、そもそも本来業務である教務活動の忙しい教師に対して、教科授業外の付加的なキャリア教育プログラムを管理・運営することは時間的制約から見ても非常に難しいのが現実である。キャリア教育というプロジェクトを遂行する上で、その成功の鍵をにぎるプロジェクト・マネージャーたる教師の多忙は大きな課題なのである。またもう一つの問題点として、仮に教師に時間的な余裕があったとしても教員がプロジェクト・マネージャーとしてプログラムを有効に管理できるとは限らない点が挙げられる。例えば、キャリア教育としてのインターンシップを実施する場合に、生徒・教師・企業の三者間でマネジメントが重要となる局面は以下の点が挙げられよう。

(1) キャリア教育には多数の関係者間の協力が必要であり、その仲介や調整が不可欠なこと。

(2) 効果的に教育効果を出すためには継続的なプログラムの実施が必要であり、長期的な関わりをもつ者を仲介者として利用する必要があること。

(3) 教員にプロジェクトにおけるリスク・マネジメントの経験が少ないこと。

(1) については、多くの中学・高校教師が教科授業の他にも、PTAの対応や課外活動の業務、校内の各種委員会業務や時には休日におけるクラブ活動の遠征付き添いなどを抱えている事実があり、キャリア教育、とりわけインターンシップにおける関係者間との調整が教員にとっては非常に負担感が多いのである。

(2) については特に公立学校の教師にとって、数年毎に赴任校の異動があり、企業担当者との人的つながりが重要であるインターンシップや社会人講話授業などの実施においては教員の不定期な人事異動は大きな問題である。

さらに (3) については従来、学校内における科目授業は想定内リスクが徹底的に排除されて運営されてきている。よって、校外プロジェクトを多く含むキャリア教育プログラムにおけるリスクをいかにマネジメントするかという発想や知識が、現場の教員には乏しいという状況がある。

（1）と（2）については、プロジェクトとしてのキャリア教育が内在的に抱える、想定内のリスクと言えよう。これに対して（3）は想定外のリスクを事前に考えておくことが要求されることになる。すなわちプロジェクト・マネージャーとして考えるべきリスク・マネジメントの問題であると考えられる。

キャリア教育は、「一人一人の社会的・職業的自立に向け、必要な基盤となる能力や態度を育てることを通して、キャリア発達を促す教育」（中央教育審議会、2011）と定義されるだけに、①生徒各人に対する理解が必要なこと、②生徒の将来に必要となる能力や態度を涵養することのできる教育力が要求されること、③各生徒の内心的発達段階を把握する力が教師に求められる。こうした理解力や教育力、把握能力というものは知識やある種のノウハウから生まれるものではない。それは教員として生徒に真摯に向き合い、生徒が今何を考え、そして何を求めているのかということを相互に問い続けていくコミュニケーションから生まれるのではないだろうか。林によれば教員のコミュニケーション能力が生徒に与える影響は非常に大きく（林、2011）、それゆえにコミュニケーション能力の向上を図る研修モデルを開発しているが、これはプロジェクト・マネージャーの育成研修と相通じるものがあると考えられる。

そのようなコミュニケーション能力とは、プロジェクト運営におけるコミュニケーション・マネジメントの問題に帰結する。つまり、プロジェクト・マネージャーが教員であろうと、外部から参加する第三者であろうとも、その者は学校・企業・生徒の間の全ての関係者と十分なコミュニケーションをとる必要があり、それぞれの要求するものを把握し、状況を理解することが求められる。また、各利害関係者の立場を尊重した判断及び行動を評価することが必要であり、プログラムにおける意思決定にはマネージャー独自の意見を堅持しつつも独断は許されないことになるだろう。

キャリア教育プロジェクトにおけるリスク管理はプログラムの進行と表裏一体でマネジメントされるべきである。なぜなら、インターンシップを一例とするキャリア教育プロジェクトは、一人一人の個性異なる個人が、業種・形態・規模の相違する企業において就業経験をするという、オーダーメイドなプロジェクトであり、それゆえリスクを事前に網羅的に把握することは難しい。よって、キャリア教育におけるリスク・マネジメントはプロジェクトの進行に合わせて、リスクが起きる直前、またはリスクが発生した直後に対応するという事後的対処が最も重要である。具体的には、（図１）のようなプロジェクトの流れと並行してリスク・マネジメントが要求されることになるであろう。

図1　キャリア教育プロジェクトの流れ

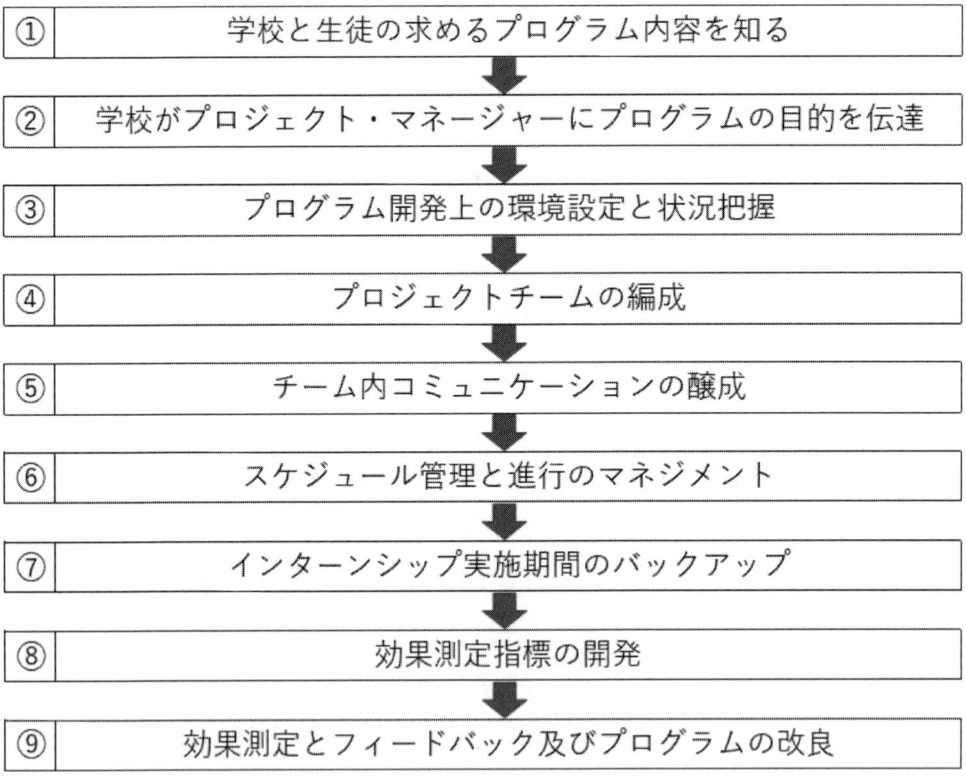

①	学校と生徒の求めるプログラム内容を知る
②	学校がプロジェクト・マネージャーにプログラムの目的を伝達
③	プログラム開発上の環境設定と状況把握
④	プロジェクトチームの編成
⑤	チーム内コミュニケーションの醸成
⑥	スケジュール管理と進行のマネジメント
⑦	インターンシップ実施期間のバックアップ
⑧	効果測定指標の開発
⑨	効果測定とフィードバック及びプログラムの改良

キャリア教育におけるリスク・マネジメントにおいては、事後的対処が主にならざるを得ないとは言え、想定内リスクを抽出し、起こり得る事態と問題を網羅しておくことは必須である。例えば次のものである。

(1) 担当教員の経歴（これまでキャリア教育に関わってきたか。また、キャリア教育に理解があるかどうか。）（プロジェクト・マネジメントに造詣があるか。リスク・マネジメントの概念を理解しているかどうか。）
(2) プログラムの実施環境（実施の時期、期間、時間数、企業における実施環境の把握、保険等の加入の是非）
(3) 企業の情報（なぜ学校と連携をしてキャリア教育を実施するのか。企業におけるキャリア教育の担当部署はどこか。大まかな企業業績の把握など。）
(4) プロジェクトの到達目標の設定（学校はキャリア教育プロジェクトで何を達成しようとしているかの把握。プログラムの展開方法。校内での展開か企業内での展開か。）

第7章　キャリア教育とリスク・マネジメント

教育業界でリスク・マネジメントを正しく理解している人は多いとは言えない。「リスク」の概念をよく知らないために、リスク・マネジメントを意識的に実行している教員は少ないであろう。但しリスク・マネジメントという言葉を知らないからと言って、これに相当することを実施していないということでもない。伝統的にリスク・マネジメントの手法としては、教師としての経験と勘が大きな意味を持っていたのである。

しかしながら、キャリア教育プロジェクトにおいては規模の面において、少人数による構成から全校挙げてのイベントになりつつある。そのような場合においては、教師の経験や勘に頼ったプロジェクト運営では効果的なプログラム遂行は難しい。プロジェクトにおいては体系化されたリスク・マネジメントの知識を理解し、対応することが求められているからである。

それでは、学校において教員はリスクというものをどう認識しているのであろうか。キャリア教育におけるリスクとは何かについて明確に回答を有している者は多くないし、たいがいの教師にとってリスクとはプログラム遂行上に問題となり得るものという程度の認識である。つまり、リスクを正しく認識できていないからこそ、実際にリスクが発生しても何らかの対策も採れずに時間だけが過ぎてしまうということになりかねないのである。

適切なリスク・マネジメントを実施するためには、まずは「リスク」そのものを正しく認識しなければならないのであるが、例えば就業体験と呼ばれるインターンシップについてはどうであろうか。

多くの学校が学生の自律的な成長を支援するためにインターンシップを始めとするキャリア教育に取り組んでいる。しかし現状では未だ、試行錯誤の状態が続いており学校と企業、そして地域社会との連携が有機的かつ継続的に実施されている例は多くない。しかし、その中で共通して言えることは「初期段階で背伸びをしたプロジェクトは継続が難しい」ということである。「初期段階で背伸びをしたプロジェクト」とは「組織が持つ教育遂行能力を大きく上回る」という意味である。さきに述べたとおり、概して教員は多忙であるが、教育に対する熱意は非常に強い。学校には所轄官庁である文部科学省からの様々な要求、とりわけ各種の報告義務や新教育カリキュラム導入の通達が連絡されるが、その中でも近年はキャリア教育導入への強制力が大きく働いていると言えよう。

教育のプロフェッショナルである教師が自分の能力を超えて、許容量を超えるタスクを負うことはないように思えるかもしれない。しかし授業科目を生徒に教える能力と、キャリア教育という、産業界と教育界が協力して実施するプロジェクト運営に必要な能力は同じではない。その違いを理解せずに、各教員が自分の力だけでインターンシップ等のプロジェクトに取り組む例が多いのである。そうした場合、人員不足でプロジェクト計画の大幅な変更を強いられたり、プロジェクト自体が持続できないケースもある。一方で多くの現場では、プロジェクトの進捗管理や教育の品質評価を教師自身の経験に頼っている現況がある。教師は多くの場合、会社での経験はなく、教師としての自らの体験に基づいてリスクを読み取り、対応策を打つ。その対応は教師としての対応であり、それが必ずしも有効であるとは限らないのであるが、プロジェクト運営の経験の浅い教師では、直面するリスクが始めて経験するものが多く、対応が遅れがちなのである。

こうしたことに対処するために、「リスク」そのものを理解が必要であり、かつ、プロジェクト運営に精通した者をプロジェクト・マネージャーとしてキャリア教育プログラムに取り入れる必要がある。なぜなら「リスク」への認識が間違っている限り、リスク・マネジメントは成り立たないのであり、さらにはプロジェクト・マネージャーの重要性に関する認識の欠如こそ、キャリア教育が抱える最大のリスクであると考えられるからである。

それではキャリア教育におけるリスク・マネジメントとは何であろうか。リスクを発生させない「キャリア教育プログラムの運営」を目指すことは品質管理の問題であり、リスク・マネジメントが扱う領域ではない。つまり、発生の有無をマネジメントすることではなく、起こり得る事象のリスクを算定すること、言い換えれば発生確率に結果単位を乗じて得られる数値を管理することがリスク・マネジメントなのである。

ここで気をつけるべきは、得られる数値は必ずしもマイナスの値であるとは限らないということである。本来のリスクとは、肯定的な意味と否定的な意味を両方含むのであり、正負をひとまとめしたものがマネジメントすべきリスクであることを認識すべきであろう。さらには、必ず発生する案件はリスクではなくて確定事項と呼ぶべきものであることに留意である。

キャリア教育プロジェクトの現場では、損失につながるリスクは回避し、プラスの結果数値、すなわち好機につながるリスクは積極的かつ肯定的に受け入れることがリスク・マネジメントとして重要である。

また、インターンシップ先としての企業での実習現場においては、受け入れた生徒の会社業務に対する順応状況を常に把握し評価するのであるが、その過程において、例えば生徒が活動に非積極的である等のマイナスリスクを最小にすべく気をつけることが必要である。反対に、生徒の順応性が高いのであればプラスのリスク、例えば生徒が自身の将来について語りだすことなどの場面があった時点で、その瞬間をノートに書きだすなど振り返りと考察の時間をとることが重要である。

つまり、キャリア教育におけるプロジェクトとは、各生徒における発生リスクのチャンス及び損失の連続発生的な相互作用から成り立っており、単に損失をコントロールするのみではなくて、好機そのものを意図的に大きくしようとする試みのもとで、プログラムの円滑な運営とプロジェクトの成功を計画し実行するものなのである。

プロアクティブなリスク・マネジメントとは、リスクの発生をプロアクティブ（率先、機動的）に捉え、事前に対応するということである。

そのためには、リスクを取らざるを得ない、または取ることが有利になるであろうリスクをあえて選択し、不要なリスクは取らないというスタンスが重要になってくる。

そうした意思決定を常に念頭におきながら、かつ、リスクの発生点よりも前もって先んじ行動することが必要である。

キャリア教育において、プロアクティブなリスク・マネジメントが要求されるのは、例えばインターンシップにおける生徒の行動変容時である。生徒が就業体験の場としての会社に慣れてくると、往々にして生徒の態度から緊張感が失われてくることが多い。

そうしたケースにおいて、生徒の中には無断欠勤や遅刻を繰り返す者が出てくることがある。キャリア教育プロジェクトにおけるプロアクティブなリスク・マネジメントとは、生徒に注意するというだけでなく、状況次第では生徒の研修を中止するという選択肢をも考慮することが重要である。

インターンシップは教育活動の一環として実施するため、時として教育的配慮から、生徒の行動に対するリスク見積もりを過小評価してしまうことがある。

しかしながら、プロジェクト・マネジメントの観点からは、プロアクティブなリスク管理をするためにも、最悪のシナリオを考慮にいれてリスク評価をしておく必要があると思われる。この意味において、キャリア教育プロジェクトの実施には、そうしたプロフェッショナルな判断のできるプロジェクト・マネージャーの存在が重要である。

第8章　キャリア教育とインターンシップ

学生の就職活動の早期化は強まっている。そのような動きは勉学への影響はもとより、自己の将来目標やキャリアパスを描けないままに就職活動に突入する学生を大量に発生させている。自分が何をしたいのかということを認識せずに、とにかく何でもよいから手当たり次第に就職試験を受験するという学生も少なくない。

こうした状況は企業にとっても学生にとっても好ましくない。面接試験において、人事担当者が学生からどれほど入社希望の熱意を聞いたとしても、実際それが本当なのかどうか確かめることができないし、学生にとっても、労働力の買い手市場の中で企業がどれほどの本心を見せているか全くわからない。学生と企業の双方が、その本音と建前を前にして疑心暗鬼になってしまうのである。

このような雇用のマッチングをめぐる問題を解決する一つの有効な手段として、インターンシップがある。一定期間、企業において学生が就業を体験することで、企業は学生の姿をより良く認識することができ、また学生も企業についての理解を深めることができるからである。今やほとんどの大学でインターンシップが導入されているが、その内容は千差万別であり、質の点からも効果の面からも玉石混交であるのが現状であろう。

そのようなインターンシップをプログラムの管理面から、質の向上を図るというのがコーオプ教育と呼ばれる試みである。コーオプ教育は学生と大学が、より主体的にプログラム構築に加わることで、学生のキャリア形成に資するよう、インターンシップを一層実践的に進化させたものであるとも言えよう。

コーオプ教育は就業現場での実践行為に重要な意味を見出す点に特徴がある。本稿では知財管理従事者の育成というテーマを取り上げ、その実践可能性を考察することとする。

とりわけて知財管理従事者の育成という論点を挙げたのは、このテーマが近年、日本の産業の中で非常に重要な課題になっているにも関わらず、その人材育成が捗っておらず、かつ、大学が果たすべき役割が非常に大きい分野だからである。

さらに、その習得は論理と実践が必須であるために、大学内の講義だけではなく、企業内でのトレーニングが非常に重要であり、ここにコーオプ教育の適用が最適であると考えるからである。

キャリア教育の重要な構成要素の一つであるインターンシップは学生のキャリア形成に非常に重要なのであるが、どのように重要なのであろうか。田中宣秀によれば､「自分の目で見て､感じ､就業の実体験をすることで学生たちにとっては学業や仕事への意欲が湧き、新たな発想へとつながる気づきの効果が大きい」（田中2007:11）からだという。

こうしたインターンシップの日本における導入の契機は、橋本内閣が提言していた教育改革にその源流が認められる。1997年１月に橋本内閣の6つの構造改革の１つとして、教育改革プログラムが発表され、その後数回の改訂を経て1999年9月に「教育立国を目指して」という題目で発表されたのであるが、この中で､インターンシップの総合的な推進が謳われたことがその発端であろう。その後に当時の文部省、労働省、通産省が三省共同で「インターンシップ推進に当たっての基本的考え方」という合意文書を発表し、この中で述べられた考え方が、以降、インターンシップの定義として広く理解されるようになっている。そこでは、インターンシップを「学生が在学中に自らの専攻、将来のキャリアに関連した就業体験を行うこと」と定義し、その概念に大きな幅を持たせることで教育現場に自由度を確保した。同時に、大きく裁量の余地を残したために､インターンシップそのものの意味が曖昧になり､「自らの専攻､将来のキャリアに関連した就業体験」とは言い難いものについても、インターンシップと名称がつけられてしまっているケースも少なくない。

例えば、ワンデーインターンシップという名のもとにわずか１日間で完結するプログラムがある。インターンシップを実施するとなると、相当の期間を確保しなければ、学生側にとって会社の業務を体系的に体験することは難しい。

しかし、企業にとっては日常業務の中で、長期間のインターン生を受け入れることは容易でない。そこで、あくまでも業務の一端に触れさせるだけの、僅か1日間のみ就業を体験するワンデーインターンシップと呼ばれるプログラムが生まれたのである。当然、1日間だけでの経験で「就業体験」ができるとは考えられないが、学生が興味を持てるよう、その内容には趣向が凝らされている。

例えば、グループワークを行い、班ごとでアイデアを結集して最終的に一つのプロポーザルを作り上げるのである。製品に関するアイデアを出し、それを売り出すための企画作りというグループワークは非常に多く、ワンデーインターンシップで実施される代表的なプログラムとも言えよう。そのような業務はあくまでも企業の一部のみを表しているに過ぎないのだが、多くの学生が頭では分かっていても、その会社で「クリエイティブ」な仕事ができるのだ、と考えてしまうことが多いことも事実である。

インターンシップという制度が日本の場合においては「学生が在学中に自らの専攻、将来のキャリアに関連した就業体験を行うこと」というように極端に幅広く解釈されていることの弊害ともよべよう。本来は、職場体験や職場見学といった表現の方が適切なプログラムまでもインターンシップと呼ばれるようになってしまっているからである。

こうしたインターンシップは、企業側からすれば良い人材を発掘するための広報採用的な人事政策の一つでもあるが、一方で、雇用環境の停滞とともに、就業意識が薄弱になる若者を増やさないための方策としても広く活用されている。2003年に政府から出された「若者自律・挑戦プラン」においては、初等教育から高等教育にかけてのインターンシップの推進が盛り込まれている。そこでは、小学校でのインターンシップを「職場見学型」、中学校で「職場体験型」と区分けし、さらに大学でのインターンシップを「就業体験型」と区分けしている。これとは別に文部科学省は、2005年度から長期実践型インターンシップとして大学院生を対象としたプログラムを始めている。これは「派遣型高度人材育成プラン」という制度として実施されている。この制度については後述することとする。

そもそも、前述の三省合意文書「インターンシップ推進に当たっての基本的考え方」の中でのインターンシップについての定義が「学生が在学中に自らの専攻、将来のキャリアに関連した就業体験を行うこと」とのみしか明らかにされていなかったが、「職場見学」から「職場体験」へ、さらに「就業経験」から場合によっては「派遣型高度人材育成プラン」までの段階的な成長的プログラムができつつあることは、質の高いインターンシップが整備されていく上で重要な進展であると言えよう。

しかしながら、2022年4月に「採用と大学教育の未来に関する産学協議会（通称:産学協議会）」で、学生情報の利用について合意が結ばれ三省合意が改正された。つまり、「インターンシップの推進に当たっての基本的考え方（通称:三省合意）」によって、インターンシップを通じて得られた学生情報は採用広報活動においては非利用で合意されていたことが、一定条件を満たした場合には、利用可能となったのである。よって、これによりインターンシップの定義自体が、2025年卒以降で変わっていくことには注意が必要である。

インターンシップの発展形を時系列で捉えれば、職場見学、職場体験、就業経験、そして長期実践型という成長過程を考えることができる。また、インターンシップの主体性に注意してみると、学生が自分で、つまり自主的に個人の立場で職場を探すタイプをインターンシップと呼ぶ場合もある。実際にアメリカでは「大学の制度として産学が共同して行う教育をCO-OP教育（Cooperative Education）とし、学生が個人の立場で企業や官公庁等において就業体験することをインターンシップと称している」という。(田中2007:16)

第1節　コーオプ教育

アメリカにおけるコーオプ教育の歴史はおよそ1世紀近くさかのぼる。シンシナティ大学でスタートしたこの教育は、在学中の専門分野の学習とそれに関連した実務経験を交互に受けることが学生の学習効果を高めるものであるとして導入が始まった。大学での学習と実務体験をそれぞれ4カ月程度でローテーションするようなプログラムが多い。

田中宣秀によれば、コーオプ教育がアメリカで本格化したのは1960年以降であり、その理由は1968年の高等教育法の改正が原因であるという。（田中2007:26）この改正で各教育機関にかなりの補助金が支給されるようになったのである。

コーオプ教育そのものの定義は無い。しかし、1．キャリア教育で述べた通り、大学の制度として産学が共同して行う教育をコーオプと呼び、学生が個人の立場で、企業や官公庁等において就業体験することをインターンシップと称することが多い。大学が主導的に企業での研修内容の管理運営にかかわり、単位の認定までも含めた産学連携型の実践的なインターンシップをコーオプ教育と呼称しているのである。そして、単位認定まで含めた場合には実習と講義がセットになるため、単なる就業体験のみに終わらず、一つの科目としてのキャリア教育であり、産学協同に基づく教育活動ということでコーオプ教育（Cooperative Education）と呼ぶのである。

インターンシップとは主導主体が異なる、コーオプ教育がスタートした理由の一つとして挙げられるのは、企業の中にはインターンシップ制度を悪用し、学生の労働力を搾取しているとみられるケースが出てきたことにある。つまり、インターン学生を意図的に、無給で働くアルバイト学生として扱うようなケースが見られたからである。学生は自分の将来キャリアを見据え、社会人になるための就業経験を得るためにインターンシップに参加しているつもりでも、企業の中には、不足する労働力の代替的確保の手段として、単純な労働作業をインターンシップの実習プログラムに組み込んだり、営業のノルマを課したりするような悪質なケースもあったからである。そこまで極端でなくとも、2008年のいわゆるリーマンショックと呼ばれる米国発の金融危機までは、企業側にとってはインターンシップを、労働力不足を緩和するための手段としてみるむきもあったであろう。太田和男は、企業側の意図を以下の様に論じている。（太田2007:143）

特に2005年頃から、有力企業のなかで、学生の売り手市場化に対応するための求人募集活動により短期化が加速され、それは同時に実習先の複数化をもたらした。こうした短期化・複数化傾向は、①労働力市場で若年労働力不足が目立ってきているため、定着率の高い優秀な学生を確保しようとしている、②インターンシップに参加することで、コミュニケーション能力が向上し就職活動の面で有利になることが学生にしだいに認知されてきている、③学生は、業務の多様化や業種による労働環境の格差拡大に対応するため、可能な限り多様な業種・企業・団体で就業体験をしたいとする潜在的意欲が強いことなどから、一段と加速するものと考えられる。

このようにインターンシップにおいて、企業側からは学生の労働力を使用したいという目的や優秀な卒業生を採用したいという意識、他方で学生側からは就職先を確保したいという、双方の功利的な目的や意識ばかりが強調されるようになると、大学側の意図が希薄になってしまう。つまり、大学はインターンシップを就職のマッチングのための手段として捉えたいのではなく、キャリア教育におけるインターンシップ、すなわち、学生のキャリア形成の一環として提供しているのだという大前提を強調したいのである。

こうした課題への解決策としてスタートしたのがコーオプ教育なのである。無報酬で企業が主導するインターンシップと異なり、時には若干の報酬が学生に提供されるようなケースもある。また、コーオプ教育は大学が主体的に主導権を握り、その管理・運営に積極的に関与することで、悪質な企業の、学生に対する影響をコントロールすることが可能となるのである。従来、学生は自らインターンシップの受け入れ先企業を探してくることが主流であったが、コーオプ教育では大学が就業経験を得るに相応しい企業を開拓し、学生に紹介することになる。

よって、大学と企業間で受け入れのプログラムを作り、大学側の教育カリキュラムに沿う就業プログラムを提供できるのである。大学が受け入れ先の企業を事前に審査しているのでトラブルも起こりにくくなるという利点がある。

しかしながら、企業側からすれば、大学との調整に時間がかかるし、そもそも、何故そこまでして学生を受け入れる必要があるのかということになる。営利を追求するのが会社というものである以上、奉仕の精神だけで学生を受け入れることはできない。企業側からすれば、大学と良好な関係を構築しておくことで良い卒業生を受け入れることができるかもしれない、また、大学からコーオプ教育としての学生を受け入れることで社会から評価を受けることができるかもしれない。さらに、最近は企業にあっても、社会貢献というCSR（企業の社会に対する責任）が重要視されるために、学生を受け入れる動機になるのである。

コーオプ教育の知る上では、ウォータールー大学（カナダ）で、長年に渡りコーオプ教育を実践してきたスージー・K・チョードリ教授の説明が分かりやすい。

チョードリは現在、世界コーオプ教育学会（The World Association for Cooperative Education）を務めており、その学識と経験をかわれて、平成17年に東京で開催された文部科学省主催の「インターンシップ推進フォーラム2005」の基調講演も行っている。チョードリは「コーオプ教育とは、教室でのカリキュラムと専門分野に関連した職業体験とを統合させた教育戦略である」と説明している。（チョードリ2005:1）

つまり、企業、学生、大学という３者の協力を必要とすることから、コーオプ教育またはコーオペラティブ教育と呼ばれるのである。さらに、「従来のアカデミックなカリキュラムに、学んだ知識の現場への適応・実践を組み合わせることにより、批判的思考能力の強化と発達をはかるものである」と述べている。

コーオプ教育は教室での授業とそれに関連する実際の仕事を１学期毎に交互に織り交ぜて実施される。この場合において、１学期分の就業期間は４ヶ月である。ウォータールー大学では、コーオプ教育を実施した場合の在学年数を５年間と設定し、１学期の通常授業の後に実習をはさみ４ヶ月間の実習が終了すると、また１学期間の座学授業をするようなプログラムになっている。これによって理論と実践である１セットを卒業までに４～５回転させることによって、実習した期間の総計時間はおよそ24ヶ月、すなわち卒業時には２年間分の就業経験を持つことを可能としているのである。

下記の図はウォータールー大学における一般的な授業・実習サイクルの３つの例である。もちろん、各人によってプログラムは異なるので、授業と実習が必ずしもいつも交互に繰り返されるわけではない。

コーオプ教育の欠点としては、学生は1年次から実習に入ってしまうため、大学での専門分野が早期に決定づけられてしまうということが指摘されている。その結果、自分のやりたいことがわかっていない学生に特定の就業経験を課する場合には、プログラムの途中で挫折してしまう者を発生させてしまうことが挙げられている。将来の方向性を決めかねている学生をコーオプ教育のなかでどのようにケアしていくかが課題と言えよう。

コーオプ教育におけるパートナーの選定は非常に重要なものである。なぜなら、利害関係者が共通の目的を設定し課題に取り組むという点から、特に国や地方公共団体、そして大学のOBやOGら卒業生といったパートナーの協力が不可欠だからである。パートナーの利害が一致しない限り、コーオプ教育の方向性は不確かなものとなり、関係者間のコミュニケーションがとれなくなる。よって各関係者からはコーオプ教育をスタートさせるにあたり、それぞれの立場から踏み込んだコミットメントが必要である。

コーオプ教育はその特徴として、学生が主体的に参加するという点がある。よって、時として職場見学等であっても就業体験として扱われるインターンシップとは異なり、学生はコーオプ教育に主体的に参加することで、労働の対価を受け取ることもあるだろうし、社員以上に生産的な仕事に従事することもある。さらには、学生にとっては、コーオプ教育終了後に企業から直接雇用を提示される可能性も高い。

チョードリによれば、コーオプ教育に参加した約3000社に対してアンケート調査をおこなったところ、約６割の企業は参加学生の雇用実績を持つことが確認された。さらに、およそ３割の企業は複数の学生の雇用実績があり、驚くべきは1割程の企業は５名以上の参加学生を雇用した実績があるとの調査を報告している。（チョードリ2005）

コーオプ教育を実施する利点は他にもある。企業側からすれば学生を受け入れ、トレーニングをすることは長期的な観点からみれば、社会還元の一つとして認知され、企業のCSR（企業の社会的責任）を果たすことになる。大学にとっては、理論を実践にうつし、その効果を確認できる機会であると同時に、学問を現場へフィードバックさせる貴重な機会にもなりえるだろう。学生が大学で学んだ理論と就業での経験を融合させることこそ、主体的な就業経験を創造し、そこにコーオプ教育の醍醐味があると言えよう。

チョードリは成功への鍵として、次の４点を挙げている。第一にコーオプ教育を教育プログラムの中に完全に取りこむ形で実施すること。第二に教育機関がコーオプ教育という概念を深く理解し、意欲的に取り組むこと。第三に各関係者が責任を持って取り組み、良好なパートナーシップを形成すること。第四に関係者同士でコミュニケーションを密に取りあうこと、である。

このように企業と大学と学生が三位一体となって推進するコーオプ教育においては、三者の強調関係、すなわち産学連携が円滑にいくかどうかが重要な鍵となる。次にこの産学連携について述べたい。

第9章　産学連携教育活動

企業と大学はその存在目的が相違する。企業が主として営利追求の目的を持つのに対して、大学は教育や研究を主たる目的として存在する。一見、利害が相反する企業と大学であるが、両者を結び付ける共通項が社会貢献機能である。社会貢献にもいろいろ種類があるが、その中でも人材育成という観点は企業と大学にとって非常に重要である。

企業の社会的責任（CSR）という観点からも社会の人材育成は重要であり、特に殆どの大学は国家から補助金という、国民の税金の交付を受け入れているのであるから、当然に社会における人材育成という目的は軽んずることはできない。よって、企業と大学、すなわち「産」と「学」は人材育成という点でその存在目的が重なるのである。こうした点から考えると、産学連携という言葉は、一般に人々がイメージするものとは多少ずれているということもある。なぜならば、産学連携という場合、一般にイメージされるのは、企業と大学が技術や特許を介し協力したり、またはある技術的課題に対して両者がアイデアと資金を出し合って解決を模索するイメージが強いからである。

しかしながら、産学連携の目的は様々なものがあり予想以上の広がりを見せている。以下は特定非営利活動法人産学連携学会が発行する「産学連携学会へのご案内」中に記載されている産学連携実践例の各分野である。

1．産学連携のためのシステム

・リエゾンオフィス・TLO・インキュベーションラボラトリー

・ビジネススクール・資金援助機構・ベンチャーキャピタル

2．産学連携のプロセス

・コーディネート・知財マネージメント・プロジェクト形成

・技術移転・ベンチャー起業・産業クラスター形成・地域連携

3．産学連携教育

・MOT・MBA・インターンシップ・産学連携学の形成

4．産学連携のための政策

・技術移転政策・知財戦略・戦略プロジェクト

・科学技術政策と産業振興政策の連携

5．知財の活用

・知的生産サイクル・基礎研究と特許・利益相反・発明の対価

6．企業イノベーションと学との連携

・イノベーションのプロセス・開発研究と大学

7．比較産学連携論

・産業構造と産学連携手法・地域の特性と戦略的分野設定

8．産学連携社会学

・産と学の間のコンフリクト・産学連携の構造

・持続的な産学相互作用の形態

このうち、産学連携教育の項目中にインターンシップが記載されている。前述のとおり、産学連携活動というと、どうしても技術移転とか特許等の知的財産権に関わる項目が目立ちがちだが、企業と大学が学生の就職観を養うための人材交流であるインターンシップも産学連携活動としての重要な柱である。

こうした人材育成を通して、インターンシップやコーオプ教育といった実践的な就業経験が何を目指しているかを念頭におくことは重要である。学生の就職活動とは一線を画して、その経験が自己を豊かにすると同時に、学生のキャリア形成に役立ち、引いては地域の活発化へつながることを知っておくべきで

ある。(図４参照)

図4　産学連携の実績から豊かで個性と活性に富んだ社会へ

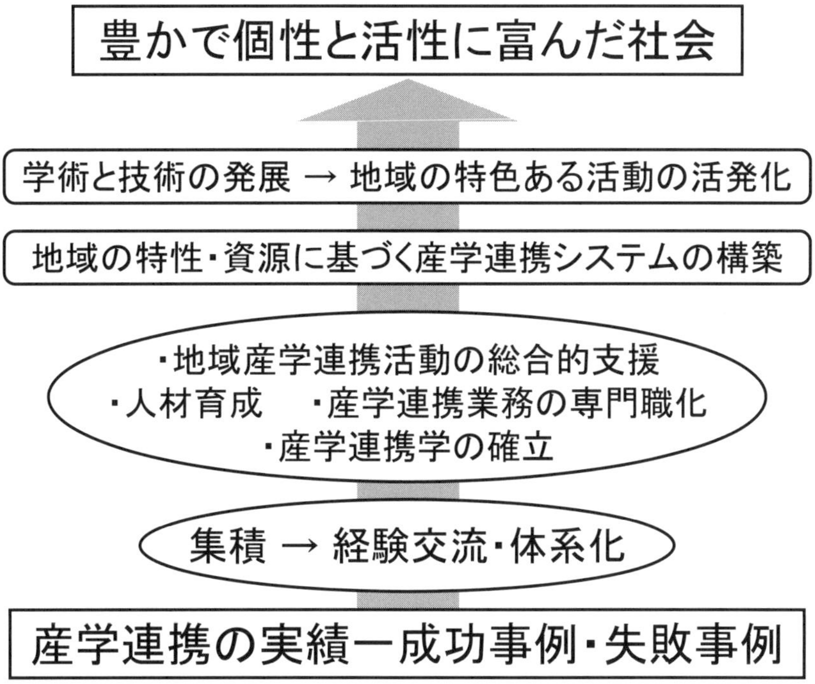

豊かで個性と活性に富んだ社会

学術と技術の発展 → 地域の特色ある活動の活発化

地域の特性・資源に基づく産学連携システムの構築

・地域産学連携活動の総合的支援
・人材育成　・産学連携業務の専門職化
・産学連携学の確立

集積 → 経験交流・体系化

産学連携の実績ー成功事例・失敗事例

出典:産学連携学会,2005,産学連携の目的より

産学連携としてのインターンシップまたはコーオプ教育は、人材交流としての機能を果たし、産と学の橋渡しの力となる社会貢献としての観点からも重要である。また、大学生の学力が低下したと言われるような教育の質に関する問題や学生のコミュニケーション能力について疑義が挟まれるなど、近年の学生をとりまく芳しくない議論もある。こうした問題についても、産学連携で人材交流をはかり、その人的資源の質を高めることは可能なはずである。

このような背景を反映して、平成７年に科学技術基本法が制定されている。その趣旨は科学技術の振興に関する施策の総合的かつ計画的な推進を図るための基本的な計画というものである。日本の科学技術政策の根本的方針ともいえるこの科学技術基本法のうち、第３期基本法のテーマは「モノからヒトへ」というものであった。キャッチフレーズとしては「人材育成と競争的環境の重視〜モノから人へ、機関における個人重視」というものである。

科学技術政策の視点を技術開発の促進のみでなく、それを担う人材開発の視点をも強調したことにより、その後、文部科学省や経済産業省など様々な省庁が人材育成施策を次々と打ち出すこととなった。その結果、多くの大学が、各省庁の政策目的に合致した人材育成プログラムを提供するようになってきたのである。各省庁はこうしたプログラム、すなわち技術開発に関わる人材開発や人材交流、または人文社会関係プログラムの分野においても、インターンシップやコーオプ教育を通じてその目的を果たそうとした結果、現在では、その教材開発や実証講義を助成する公募事業が増えている。これらは、時に競争的教育資金事業とも呼ばれている。第３期科学技術基本政策が出て以降、これらの人材育成事業に共通するキーコンセプトは「産学連携教育」となった。

これまで産学連携と言えば、大学における教育と研究のうち、圧倒的に研究の面において、産学連携が行われてきた。そこには人材育成という概念はなかった。つまり、受託・共同研究や技術移転・指導など、大学の「研究」面が中心であった。しかし、「モノからヒトへ」というテーマが浸透していくにつれ、大学と企業との間で人材育成を目的とした産学連携インターンシップやコーオプ教育の実施機運が高まっていったのである。

2005年からスタートした文部科学省の公募プログラムである「派遣型高度人材育成協同プラン」は、就業体験やキャリア意識の形成を目的としたこれまでのインターンシップの上に、コーオプ教育の特徴、すなわち、大学と学生が主体的にプログラム構築に関与することで、現代社会の問題点や今日的な産業界のニーズを把握し、これによって高度で知的な素養のある人材を育成するという産学連携高度人材育成プログラムをいう。これは、文部科学省によれば、「人材育成の大きな課題として、自らの専門分野の位置づけを社会的活動全体の中で理解し、現実的課題の中から主体的に問題設定を行い、それに取り組む能力のある「高度専門人材」の育成が急務であるとの認識が、大学及び産業界の双方で高まっており、これらの要求に応えるため、これまでの主として就業体験や職業意識の形成を目的としたインターンシップとは峻別し、産学が人材の育成・活用に関して建設的に協力しあう体制を構築することにより、社会の抱える諸問題や産業界の取組を理解し、知識基盤社会を多様に支える高度で知的な素養のある人材を育成する」プログラムであり、これまでにない新たなコンセプトのインターンシップの開発を文部科学省が大学に委託するものである。

「派遣型高度人材育成協同プラン」においては、学生の教育課程において産学が協同して、科学技術分野及びそれに関連する人材を育成する目的を持ち、実習での現場を活用した「高度専門人材」の育成を行う新しいタイプのインターンシップ開発を目指した教育プロジェクトを対象としていたが、これの後継プロジェクトである、産学連携による実践型人材育成事業のうち「長期インターンシップ・プログラムの開発」においては「派遣型高度人材育成協同プラン」をほとんど完全に踏襲しつつも、その対象を科学技術人材育成に限定することなく、高度専門人材全般の育成に主眼を置いたものになっている。「長期インターンシップ・プログラムの開発」においてはより一層、大学における人材育成に重点をおいたものになっており、産学がパートナーシップを組み、大学と企業との連携による高度専門人材の育成を行うことで、大学の人材育成機能の強化を図る趣旨がある。

文部科学省のホームページでは、長期インターンシップ・プログラムの開発の事業内容として「大学と企業が一体となって、一定の専門性を有する学生を対象として、産業界における実践的な環境の下で、将来、各研究分野や企業活動において中核的な役割を果たす人材を育成するためのプログラムを開発・実践する事業」をその内容とすることが記載されている。注意すべきは、人材育成の対象が学部生等ではなく、大学院など一定の専門性を有する学生を対象としたプログラムである点であろう。さらに、選定対象となる事業とは大学と企業が共同して、企業の実践的環境下における高度専門人材育成プログラムを開発するものであるか、または、学生の専門性を発揮できる環境とそのための要件が整備されるものに限られる点でも、従来の「派遣型高度人材育成協同プラン」とは異なっている。

派遣型高度人材育成協同プランとして採択されたプログラムのうち、立命館大学の「文理連携型コーオプ教育」プログラムはとりわけユニークなものと考えられるであろう。これは、大学院生および学部生を対象とし、文系の学生をも取り込んだプログラムである。

企業が抱える諸問題に対して学生がその解決に取り組むという形式をとり、大学内での座学としての理論研究と企業内での実施研修とを6か月かけて研究するというプログラムである。大学と企業が相互補完的に連携し持続的な研究協力と人的交流・育成連携関係を構築できるモデルとしてのユニークさがあると考えられる。

このプログラムは4つのカテゴリーで構成されており、それぞれのカテゴリーを進むことにより、学生の職業に対する認識を高める仕組みを作っている。第1に「実践研修」である。各チームで計画した研修工程表に基づき課題の解決策を練る。学内での研究会を通し、情報共有と意志疎通を密にすると共に専門知識の習得に努めることになる。第2に「成果発表」の段階である。これは、研修の顛末を発表することで自らの気づきを促す試みと捉えることができる。第3に「検証研修」である。第2カテゴリーの成果発表において、課題の解決に成功したチームが参加できる教育プロジェクトであり、実際の企画を市場で実践するなどして検証することとなる。最後の第4段階が「総括発表」であり、検証研修で行った実地展開を企業からの社員の指導のもとで総括することとなる。

この文理連携型コーオプ教育プログラムのどこが優れているのかは一目瞭然である。立命館大学発行のRS Web通信によれば、このプロジェクトのポイントとして3つの点が挙げられている。それは「専攻学問の検証」、「自律性」そして「普遍性」である。(立命館2005)

「専攻学問の検証」については、この課題がコーオプ教育の募集段階で専攻学問を前提に考案されていることに起因する。研修生はその専攻学問に基づき選考されていることから、このプロジェクトを通じて学生は常に、自分の専攻学問を検証し続けることとなるのであろう。次の「自律性」については、企業の負担を軽くするということである。インターンシップの場合は、企業がプロジェクトの企画を練り、学生をマネジメントするというケースが多く、それでは企業側の負担度が大きい。よって、このプログラムはコーオプ教育の最大の特色である、学生が主体的に主導権を握り、自らの実習計画に基づき行動するという方式をとっている。コーオプ教育を導入することで企業側の負担が軽減し、大学と企業が相互補完的な関係になり得たということである。

つまり、「研修生が自ら作成した研修工程表をもとに、自律的に学習（課題解決作業）を進めることで課題提示企業の負担は極めて少なくなり、しかも有効な課題解決が求められるわけで、大学と企業との良好な関係構築が可能となった」のである。(立命館大学:2005)

そして、最後のポイントである「普遍性」であるが、これは立命館大学が多数の学部をもつ総合大学であり、文系・理系の双方を兼ね揃えているという点から導き出される。つまり、専攻分野に関わらずどこの大学においても、その教育の学生に対する適用可能性という観点においてコーオプ教育の一つのモデルとしての普遍性を持ち合わせていると言えよう。このような高度人材を育成するためのコーオプ教育につき、どのようなプランを立てるかの検討において、留意すべき点を松澤孝明は以下のように指摘している。(松澤 2005 : 16-20)

検討の出発点は、産学が目指すべき「人材像」について共通の認識を持つことであるが、有識者との議論を通じて、[１]自らの専門の位置づけを社会(企業)活動全体の中で理解し、[２]現実課題の中から主体的に問題設定を行い、それに取り組む能力のある、[３]将来、各研究分野や企業活動において中核的な役割を果たす「高度専門人材」を念頭においた。ここで「高度専門人材」という言葉は、しばしば“都合よく”解釈されやすい言葉だが、コーオプ教育型の趣旨からは単なる「学歴」や「スキル」の問題ではなく、むしろ各ジェネレーションにおいてリーダーシップをいかんなく発揮できるような専門性とモチベーションに富んだ人材の育成を意識していた。その意味では、コーオプ教育型は科学技術人材育成に端を発しながらも、理工系のみならず（たとえば、MOT教育や知財教育なども含め）人文社会系の産学連携教育にも、大いに拡張性のある問題を含んでいると思っている。

上記のように松澤は「高度専門人材」というタームを科学技術人材の育成にのみに限定されるものと認識しておらず、人文社会系の学生に対する産学連携教育にもその適用可能性を見出しており、その先見の明に驚かされるのである。

大学でのインターンシップの役割は高等教育機関におけるキャリア教育の重要性が高まるにつれて、その複雑さを増していく。なぜなら、社会から新卒学生に求められる能力の水準は高まることはあっても、低くなることはないからである。

社会が学生に求めている、課題解決能力や計画立案能力、さらには計画の推進能力は非常に曖昧な概念であり、これを理論としての座学で履修することや、インターンシップを通じた単体としての就業体験で獲得することは不可能である。こうした点から、学生が主体的に実習に関する立案・遂行・修正を繰り返すコーオプ教育の可能性は大きい。座学での理論習得と現場での実践が表裏一体となり、PDCAサイクルに準じてフィードバックを繰り返すコーオプ教育は、学習と実践の循環過程における１サイクルが１つのインターンシップであるとも言えよう。

例えば１年間という時間的軌道のレールを進む大きな雪玉をイメージするとわかりやすい。雪原の中に一直線に伸びる時間軸のレールが架設されており、このレールの上を大きな雪玉が転がっていく。１回転、２回転と転がる雪玉はその１回転の中で、理論と実践を通じたPDCAを完結し、第２回転目をはじめる。２回転目は１回転目の時の経験と反省を身にまとい、一回り大きな雪玉になっていることであろう。こうして３回転、４回転と転がっていくなかで、雪玉は大きく、そして硬く頑丈なものになっていく。

雪玉は雪をまとい大きくなる。学生もまた、一定期間中に授業と現場のPDCAサイクルとそれの連続である時間的経過を通じて、経験の蓄積が加速する。生涯を通じて必要となる社会人としての基礎力はそうした運動の中で身につけられていくのだと考える。PDCAの回転サイクルと講義・実践の１クールである直線の軌跡こそがコーオプ教育のあるべき姿なのではないだろうか。

そのようなコーオプ教育は、大学単体で実施できるものではなく、他者なる存在としての企業を必要とする。他者としての存在とは実習の場である企業でもあるし、大学という環境と異なる文化を有する異質な世界をも指す。身内ではない他者の属する環境の中での連携、すなわち産学連携活動が、概念的とも言えるコーオプ教育と融合することで、理論学習と現場実習を兼ね備えた真の実践的なコーオプ教育になり得るのではないか。

そうした教育は、一方通行の動きでは完成することができない。利害関係者の目的のベクトルが一致したとき、そして、それらを取り巻く環境が彼らに親和的であるときに初めて、調和が当事者と環境との間で調整されるのではないだろうか。

その意味で、わが国で「知財立国」を目指し、ますます知的財産管理従事者の養成が急務となっている現在において、派遣型高度人材育成協同プランとしての長期インターンシップまたはコーオプ教育は、企業及び大学という当事者と、環境としての社会環境が親和しているという認識のもと、理想の状態が作り出されていると言えよう。このような状態は、概念的枠組みとしてのコーオプ教育であっても、学生に対する当該教育の実践的な適用可能性は担保されていると考えられる。本稿では、理想のケースの一例として、知財管理従事者の育成というテーマを扱ったが、他の職業領域においても、今後のコーオプ教育のあるべき姿はいうまでもなく「産」と「学」、そして「社会」の三位一体形であり、そしてそのなかにおいてこそ、学生が主導するインターンシップとしてのコーオプ教育の可能性が開かれているのであろう。

第10章　今後の学校におけるキャリア教育

第1節　キャリア教育・職業教育の在り方

キャリア教育・職業教育の在り方について明確に示していないが、再編計画の評価や魅力ある高等学校づくり検討委員会からの報告等を踏まえ、自立した人材の育成については、すべての高校において社会人や職業人として必要な知識・技能や勤労観・職業観等を育成し、産業構造・就業構造の変化や社会の要請等に適切に対応できる能力を育成するためのキャリア教育・職業教育の充実が必要である。専門学科を設置する高校においては地域産業の特色やニーズに対応した人材を育成するため、職業に関する実践的な教育を充実し、生徒の専門的な知識・技能を高めることなどが課題となっている。

キャリア教育とは一人一人の社会的・職業的自立に向け、必要な基盤となる能力や態度を育てることを通して、キャリア発達を促す教育をいう。これに対して、職業教育とは、一定又は特定の職業に従事するために必要な知識、技能、能力や態度を育てる教育を指す。

生徒が主体的に進路を選択し、社会人・職業人として自己実現を図るために必要な、望ましい勤労観・職業観を育成できるよう、すべての教育活動を通じてキャリア教育・職業教育の視点に立った取組の充実を図る。具体的には、他校種（小・中学校、大学等）や企業等との連携によるインターンシップ、ボランティア活動等の体験学習の実施など、生徒の発達段階に応じた教育活動を推進する。

今後の学校におけるキャリア教育・職業教育の在り方について（中央教育審議会特別部会 第二次審議経過報告）について以下に記す。 自らの生き方を考える 、つまり自己の在り方生き方を考えるということである。

・ゆめ・仕事ぴったり 体験（職場観察）等・職場体験（キャリア・スタート・ウィーク）
・総合的な学習の時間における 新たなキャリア教育推進事業（中・高）
・高校生インターンシップ・高大連携
・高等学校におけるキャリア教育の在り方に関する調査研究事業
・地域連携アクティブスクール
・総合的な学習の時間における新たなキャリア教育推進事業（中・高）

若者の「学校から社会・職業への移行」が円滑に行われていない状況等が課題学校におけるキャリア教育・職業教育の改善・充実が必要 、後期中等教育における充実方策であり、基本的な考え方として、キャリア形成に共通して必要な能力・態度の育成等を後期中等教育修了までの目標としたキャリア教育の充実、職業への円滑な移行準備、専門性をいかした自己の将来性を広げる職業教育の充実である。今後、キャリア教育・職業教育に関する議論を踏まえ、高等学校教育全般の在り方について検討が必要である。

さらに、高等学校における充実は、キャリア形成に必要な能力・態度の育成や知識等の理解などキャリア教育で取り組むべき学習の観点を明確化、キャリア教育を行う時間の明確化（教科・科目等の中核となる時間の明確化の検討）が必要である。

成長分野等の人材を育成する専門学科の重点的整備と地域ネットワーク化・実務経験者の教員等職業教育に関する指導力の向上や、総合学科の多様な学習を支える教員、施設・設備等の整備が必要であろう。

「読み・書き・計算」等の基礎的・基本的な知識・技能を修得することは、社会に出て生活し、仕事をしていく上でも極めて重要な要素である。これは初等中等教育では、学力の要素の一つとして位置付けられ、新しい学習指導要領における基本的な考え方の一つでもある。小学校からの「読み・書き・計算」の能力の育成等、その一層の修得・理解を図ることが必要である。また、社会的・職業的に自立するために、より直接的に必要となる知識、例えば、税金や社会保険、労働者の権利・義務等の理解も必要である。基礎的・汎用的能力は、分野や職種にかかわらず、社会的・職業的自立に向けて必要な基盤となる能力であると考える。例えば、企業が新規学卒者に期待する力は、就職の段階で「即戦力」といえる状態にまで学校教育を通じて育成することを求めているわけではなく、一般的には「コミュニケーション能力」「熱意・意欲」「行動力・実行力」等の基礎的な能力等を挙げることが多い。社会人・職業人に必要とされる基礎的な能力と現在学校教育で育成している能力との接点を確認し、これらの能力育成をキャリア教育の視点に取り込んでいくことは、学校と社会・職業との接続を考える上で意義がある。

論理的思考力、創造力は、物事を論理的に考え、新たな発想等を考え出す力である。論理的思考力は、学力の要素にある「思考力、判断力、表現力」にも表れている重要な要素である。また、後期中等教育や高等教育の段階では、社会を健全に批判するような思考力を養うことにもつながる。創造力は、変化の激しい社会において、自ら新たな社会を創造・構築していくために必要である。これら論理的思考力、創造力は、基礎的・基本的な知識・技能や専門的な知識・技能の育成と相互に関連させながら育成することが必要である。意欲・態度は、学校教育、特に初等中等教育の中では、学習や学校生活に意欲を持って取り組む態度や、学習内容にも関心を持たせるものとして、その向上や育成が重要な課題であるように、生涯にわたって社会で仕事に取り組み、具体的に行動する際に極めて重要な要素である。意欲や態度が能力を高めることにつながったり、能力を育成することが意欲・態度を高めたりすることもあり、両者は密接に関連している。 意欲や態度と関連する重要な要素として、価値観がある。価値観は、人生観や社会観、倫理観等、個人の内面にあって価値判断の基準となるものであり、価値を認めて何かをしようと思い、それを行動に移す際に意欲や態度として具体化するという関係にある。また、価値観には、「なぜ仕事をするのか」「自分の人生の中で仕事や職業をどのように位置付けるか」など、これまでキャリア教育が育成するものとしてきた勤労観・職業観も含んでいる。

子ども・若者に勤労観・職業観が十分に形成されていないことは様々に指摘されており、これらを含む価値観は、学校における道徳をはじめとした豊かな人間性の育成はもちろんのこと、様々な能力等の育成を通じて、個人の中で時間をかけて形成・確立していく必要がある。また、どのような仕事・職業であっても、その仕事を遂行するためには一定の専門性が必要である。専門性を持つことは、個々人の個性を発揮することにもつながる。

自分の将来を展望しながら自らに必要な専門性を選択し、それに必要な知識・技能を育成することは極めて重要である。専門的な知識・技能は、特定の資格が必要な職業等を除けば、これまでは企業内教育・訓練で育成することが中心であったが、今後は、企業の取組だけではなく、学校教育の中でも意識的に育成していくことが重要であり、このような観点から職業教育の在り方を改めて見直し、充実していく必要がある。

おわりに

産業構造の変化や国際化、就業形態の多様化などにみられる社会構造全体の変化の結果、企業の専門高校に対する期待や、生徒に対して求められる資質や能力が変化していくのは当然のこととして、さらには専門高校の生徒の意識や進路自体もそれぞれ変容してきていると考えられる。これらに適切に対応していくためにも、専門高校の一人一人に適合した職業教育が実施され、キャリア教育的な視点、すなわち、キャリアの発達段階に応じた、個別具体的なキャリア教育施策が適用されることが今後の課題と言えよう。そのためには、教育の現場に十分な人員の配置、とりわけ、キャリアに関するカウンセリングをできる人材の配置が必要であろう。その意味では人的、資金的な壁が予想されるのである。さらには、専門高校において、これまでの良質なミドル層としての技術者や労働者を育成しつつ、国際的競争力を維持・向上するためにも、将来のスペシャリストの育成という視点を涵養することが必要となってくるであろう。こうした人材を専門高校で育成していくための、キャリア教育と職業教育が有機的に組織化された教育プログラムの開発が課題となってくるであろう。

また、今後の課題として、今まで以上に学生の視点に立脚したキャリア教育が必要となってくる。少子化の進展に伴う大学間競争は一層激化している。とりわけ18歳人口の減少に伴い、定員を確保できない私立大学が増加している。日本私学振興・共済事業団の調べによると2009年度の定員割れ大学数は、46.5%に当たる265校に上っている。

18歳人口は今後数年間の横ばいを続けたあとで、さらに減少していくことが予想されており、一段と定員割れ化が進行し、淘汰される大学が増えていくと思われる。18歳人口が減少する中で、大学の数は減るどころかむしろ増加しており、定員も減少していない。いわゆる「全入時代」を迎えると同時に、各大学は経営に直結する学生数を確保するために、基礎学力が十分でなく、また大学への進学動機があいまいな学生集団の入学を許可せざるを得ない現実がある。

この結果、大学生活になじめず留年や退学をする学生が増加しているし、またそこまで行かなくても、こうした学生は就職活動において自己の将来像を描くことができずに就職に失敗したり、不本意な結果に至るケースが増えている。学生自身の落胆ばかりでなく、せっかくわが子を大学に苦労して入学させた授業料の支弁者である保護者にとっても、こうした不本意就職者の増加は大学に対して信頼を失う大きな原因である。さらには、学生を送り出した高校側の信頼を失うことにもつながり、こうした不本意就職者をいかにして減らしていくかが大学経営として重要であることは当然である。

上記のように大学経営の観点、すなわち学生数確保の観点から就職に力を入れ、その結果としてキャリア教育というものが重要なのであると認識するに至り、キャリア・デザインプログラムを導入する大学は多い。確かに大学経営の重要性から鑑みて、出口戦略としてのキャリア教育導入について、これを否とすることはできない。学生数確保のための就職率向上を目指して、キャリア教育を導入する。大学が存続していくためにはそうした側面を否定することはできない。しかしながら、そうした側面よりも本当に重要で強調されるべきことは、半公共機関といっても過言でない大学が、その学生の将来に対し、より真摯に真剣に向き合わなければならないということであり、そうした観点から見れば、学生の主体的なキャリア観の育成を図るキャリア・デザインプログラムの導入は必須であろう。学生に対して主体的に自己の将来を見つめ直してもらうことは自己との対話を促し、自身の成長を助力することであり、学生にとって第三者の視点から自己を見つめなおす機会を得ることのできるキャリア・カウンセリングは非常に重要である。

名ばかりのキャリア教育であったり、単に学生数を確保するために教育課程や出口戦略であれば、学生の中には必ず落伍者が出る。学生に対する明確なポリシー、すなわち中央教育審議会が平成20年12月に答申した「学士課程教育の構築に向けて」において言及した「学位授与の方針」「教育課程編成・実施の方針」「入学者受入れの方針」の三つの方針をもとにして、自分たちが提供できる教育に沿った学生をしっかり集めることが大学にとって重要なのではないか。そしてその方針に沿って受け入れた学生に対して、大学のカリキュラムポリシーに沿った付加価値を付けて、彼らを社会に通用するような人間に育てて卒業させることが重要であり、大学にはその義務があるのではないか。

学生に対する大学の最大のサービスは「教育」にほかならない。そしてこの「教育」には自己のキャリアを主体的に掴み取ることのできる能力、すなわちキャリア・デザインで育まれる能力が含まれる。大学のすべての方針は教育カリキュラムを中心とした明確な教育目標の設定とこれの忠実な遂行が基本であり、このことは「学士課程教育の構築に向けて」答申の基本理念である。

つまり、キャリア教育の実施とは学生確保のため対策でもなく、就職難のためのキャリア・デザインプログラムでもない。それは、大学が提示した「入学者受入れの方針」「教育課程編成・実施の方針」「学位授与の方針」に共感し受験した学生に対するマニフェストの実行そのものである。大学は責任をもってこのポリシーを遂行し、学生が社会へ自信をもって出て行けるよう支援し、学生に対するアカウンタビリティを果たす。これこそが学士課程教育におけるキャリア教育であり、その教育の手段としてキャリア・デザインプログラムが重要なのである。そしてそのキャリア・デザインプログラムは、学生が主体的に自己のキャリア観を養うことを助力し、生涯を通じたキャリアの中での自己の進路選択を促すためのものであり、視野狭窄に陥らないよう支援する意味においてキャリア・カウンセリングの重要性を強調したいのである。キャリアに関する専門的知識及び理論と、労働市場や企業の具体的動向の両者について精通しているのはキャリア・カウンセラーであり、よってキャリア・カウンセリングの重要性は強調されるべきである。また、仙崎武が「キャリア教育が何を目的とし、どんな効果が得られるのかについて、継続的に社会に向けた発信を行っていく必要がある」（仙崎2005:264）と指摘するように、大学は、その提供するキャリア・デザインプログラムに対するアカウンタビリティを有していることを認識しなければならないであろう。

「学士課程教育の構築に向けて」答申には、喫緊の課題とされる、教育の質保証や、国際的通用性を備えた大学像が具体的に述べられており、ここには適切なキャリア・デザインを通じた学生支援が含まれていると理解するべきである。このキャリア・デザインプログラムが真に有効に機能するためには、キャリア・カウンセリングの枠組みをキャリア教育の中に取り組むことであり、さらにこれが中央教育審議会答申による学士力に沿ったものであり、教育の質を保証するための３つのポリシーと連動していく必要があるのである。学士課程教育におけるキャリア・デザインを有効に機能させるためには、学生に対するキャリア・カウンセリングが重要な鍵を握っており、カウンセリングを通じた就職支援を行っていくことが非常に重要である。そして、それこそが学生の視点に立脚したキャリア教育と呼べるのではないだろうか。

キャリア教育における諸活動は、教育科目としての側面を持ちつつも、生徒の就業感を育成するという目的で、企業や官公庁の協力のもとに、一定期間中に就業を経験するという時限的なプロジェクトである。キャリア教育の導入と実施は現在、小学校から大学まで喫緊の課題とされ、大規模に試行錯誤が続いている状態である。こうした状況のなか明らかになりつつあるのが、学校内の各種資源不足、例えば資金的な問題や実施場所の問題などであるが、その中でもとりわけ深刻であるのは、プロジェクトを運営することのできる人材の不足なのである。現在のところ、教師がプロジェクトの管理者として悪戦苦闘しているわけであるが、教師を取り巻く多忙な状況や経験不足が、有効なキャリア教育の実施にとって足かせとなっている状況がある。

本稿においては、主としてリスク・マネジメントの観点から、キャリア教育におけるプロジェクト・マネージャーの有効性と導入を提案した。しかしながら、プロジェクト・マネージャーの有用性については、品質マネジメントやコミュニケーション・マネジメントの領域においても大きな重要性を有している。とりわけ、コミュニケーション・マネジメントにおいては、企業・学校・生徒・教師、さらには地域社会における各種利害関係者間のベクトルを合わせるための努力が重要になってくる。キャリア教育におけるプロジェクト・マネージャーのコミュニケーション・マネジメントについての有効性に関する検討は今後十分になされる必要があるだろう。

ChatGPTをはじめとした生成AI（人工知能）が話題になり、シンギュラリティと呼ばれる時代の大きな転換点を迎えようとしている現在、学校におけるキャリア教育の重要性はますます高まっている。そのような時期に、この度の執筆を経て、日々の教育研究における、初心忘れるべからずの気持ちを改めて認識できたことは幸せなことであった。

これまでキャリア教育についていろいろと述べてきたが、つまるところ、キャリア教育が目指すのは、個人の自立に向けて、生涯に必要な能力を養うことであり、そのことを通じて自己の職業観を確立させていくことであろう。もっと言えば、将来の職業やキャリアについての情報やスキル、志向性などを身につけるための教育を意味する。現代の労働市場は大きな変化を経験しており、従来の仕事の枠組みが崩れて、多様で柔軟な働き方が求められるようになっているからこそ、そのような社会情勢の中で、キャリア教育はますます重要になっているのである。

今後のキャリア教育の展開については、まず、ライフスキルの重要性をきちんと認識することである。このライフスキルには、職業に必要なスキルだけでなく、コミュニケーション能力、問題解決能力、リーダーシップなどが含まれる。将来のキャリアに必要なスキルだけでなく、幅広い人間性を育てるためにもライフスキルの教育が重要であろう。

また、STEM分野の強化も必要になってくる。近年、デジタル技術の進化や人口の高齢化などが進む中、科学技術、工学、数学、技術分野（STEM分野）に対する需要が高まっていることは疑いのない事実であり、特に、AIやロボットなどのテクノロジーに関する知識が求められているため、STEM分野の教育がキャリア教育のなかでも重要になってくると考えられる。

さらには、職業適性テストの普及も拡充していかなければならない。大学においては、自分に合った職業を選ぶために、職業適性テストを受けることが一般的になってきている。自己理解を深めるための重要な手段であり、キャリア・アドバイザーとの相談や自己分析にも役立つため、一層の利用が求められる。

最後にインターンシップや職場体験の重視がある。大学生や高校生など、若い世代に向けたキャリア教育では、インターンシップや職場体験の機会が増えている。実際に職場で働くことで、自分が本当に興味を持ち、才能を発揮できる分野を見つけることが可能である。

キャリア教育は様々な教育領域を包摂しながら益々、拡大していくものと思われる。なぜなら、キャリアの定義が現在はかつてとは異なり、仕事という狭い領域から、人生という長いスパンで捉えられるようになってきたからである。リスキリングという言葉が最近、よく使われるが、キャリア教育は自分の生涯を価値あるものにするために、絶えず自分の持つリソースを点検し、それをアップデートするという意味において、このリスキリングという概念と似たものと言えるかもしれない。しかしながら、リスキリングが仕事上における自己評価の点検であるのに対して、キャリア教育が目指すところは、生涯における自己実現であり、自己完成を目標とすることから、やはりそのスケールは大きく、長い目で生涯をデザインしていくことになるであろう。

いずれにしても、現在、我々が生きるこの時代は不安定で、流れが早いからこそ、自己のキャリア感、職業観というものを磨き、惑わされないように生きていかなければならないであろう。

高等学校から大学にかけての非常に多感で不安定な世代に向けて、キャリア教育をしっかりと提供することは、社会全体の責務であるし、こうした教育に従事する者は当然として、家庭や地域が若者を総がかりでその成長のサポートをしていかなければならないのである。

巻末には国立教育政策研究所の資料を掲載している。これは小等教育も含めた、学校におけるキャリア教育・進路指導の総合調査であり、キャリア教育の理解に大変、重要なものであるため、ぜひ参照していただきたいと思う。

謝　辞

本書を制作するにあたり、多くの方々のご協力がありました。とりわけ、本書の執筆を促して頂いた、早稲田大学大学院教育学研究科高度教職実践専攻の遠藤真司客員教授に心より御礼を申し上げます。日頃から的確な助言と激励をくださり感謝の念が絶えません。北海道文教大学の渡部俊弘学長には、私が同校に勤務していた時より今日まで、大変お世話になり、誠にありがとうございます。また、第一公報社の大平社長、編集者の方々、装丁・製本を担当していただいた方々、そして私を支えてくれた家族や友人、そして全ての関係者に感謝の意を表します。

本書は、若者たちがキャリア形成に向けて歩みを進める上で、役に立つ情報やアドバイスを提供することを目的として執筆されました。読者の皆様が、この本から何かしらのヒントやアイデアを得て、学生、生徒へのキャリア教育、そして、自分自身のキャリアに向き合う上での自信や勇気になっていただければ幸いです。

参考文献

Benesse教育研究開発センター，2010,『第43回 採用時，企業が大卒者に求める能力― 平成20年度文部科学省委託「社員採用時の学力評価に関する調査」』(http://benesse.jp/berd/berd2010/center_report/data43.html, 2012.11.14).

中央教育審議会，1999,「初等中等教育と高等教育との接続の改善について」(http://www.mext.go.jp/b_menu/shingi/12/chuuou/toushin/991201.htm, 2012.09.21).

中央教育審議会，2005,「我が国の高等教育の将来像（答申）」(http://www.mext.go.jp/b_menu/shingi/chukyo/chukyo0/toushin/05013101.htm,2013.10.25).

中央教育審議会，2008,「学士課程教育の構築に向けて（答申）」(http://www.mext.go.jp/b_menu/shingi/chukyo/chukyo0/toushin/1217067.htm,2013.10.22).

本田由紀，2009,「教育の職業的意義―若者，学校，社会をつなぐ」ちくま書房.

Hoyt, Kenneth B, 2004, Career Education: History and Future, Oklahoma: National Career Development Association.

Hoyt, Kenneth B, 2004, Career Education: History and Future（=2005, 仙崎武・藤田晃之・三村隆男・下村英雄訳「キャリア教育―歴史と未来」雇用問題研究会.

金子元久，2007,「大学の教育力―何を教え，学ぶ」ちくま書房.

国立教育政策研究所，2005,「算数・数学教育の国際比較および理科教育の国際比較」，ぎょうせい.

児美川 孝一郎，2007,「権利としてのキャリア教育」明石書店.

厚生労働省，「平成21年度大学等卒業予定者の就職内定状況調査（平成21年10月1日現在）について」(http://www.mhlw.go.jp/stf/houdou/2r98520000002ltw.html,2012.09.05).

Krumboltz, John D.; Levin, Al S. 2004. Luck Is No Accident: Making the Most of Happenstance in Your Life and Career（＝2005，花田光世・大木紀子・宮地夕紀子訳『その幸運は偶然ではないんです!』ダイヤモンド社).
毎日コミュニケーションズ，2008,「社会人基礎力に関するアンケート調査」(http://www.mycom.co.jp/news/2008/05/post_49.html, 2013.09.08).
文部省・通商産業省・労働省, 1997,「インターンシップの推進に当たっての基本的考え方」(http://www.jil.go.jp/jil/kisya/syokuan/970918_01_sy/970918_01_sy_kihon.html, 2013.11.25)
文部科学省, 2004,「キャリア教育の推進に関する総合的調査研究協力者会議報告書」
日本経済団体連合会, 2010,「新卒採用（2010年3月卒業者）に関するアンケート調査結果の概要」(http://www.keidanren.or.jp/japanese/policy/2010/030.html, 2013.09.04).
日本キャリア教育学会，2008，「キャリア教育概説」東洋館出版社.
日本産業カウンセラー協会編, 2009,「産業カウンセリング」社団法人日本産業カウンセラー協会.
Rogers, Carl, 1953, Miss Mun（＝2007，畠瀬稔編著・加藤久子・東口千津子訳『ロジャーズのカウンセリングの実際』）コスモスライブラリー.
龍昇吉, 1996,「日本経営システムの転換」学文社
Schein, Edgar H, 1993, Career Anchors and Career Survival（＝2003，金井寿宏訳『キャリア・アンカー』白桃書房）.
白樫三四郎，2009，「産業・組織心理学への招待」有斐閣.
品川哲彦, 2006,「学校インターンシップ－学生・学校・大学にとってのメリット－」独立行政法人日本学生支援機構.
寿山泰二・宮城まり子・三川俊樹・宇佐見義尚・柏木理佳・長尾博暢，2009，「大学生のためのキャリアガイドブック」北大路書房.
友野伸一郎, 2010,「対決! 大学の教育力」朝日新聞出版.
辻太一朗, 2010,「就活革命」日本放送出版協会.

仙崎武「キャリア教育読本」教育開発研究所, 2000年.
渡辺三枝子「第四回　大学における『キャリア教育』の意味を考える」『文部科学通信』Vol.118, 2005年, 22-23頁.
吉本圭一「インターンシップ制度の多様な展開とインターンシップ研究」『インターンシップ研究年報』Vol.9, 2006年, 17-24頁.
古閑博美「インターンシップ　職業教育の理論と実践」学文社, 2001年.
本田由紀『多元化する「能力」と日本社会－ハイパー・メリトクラシー化のなかで－』NTT出版, 2005年.
渡辺三枝子編著「キャリアの心理学－働く人の理解〈発達理論と支援への展望〉」ナカニシヤ出版, 2003年.
Persons, F., Choosing a Vocation, Boston: Houghton Mifflin, 1909.
D.E.スーパー著, 日本職業指導学会訳「職業生活の心理学」誠信書房, 1960年.
三村隆男「キャリア教育入門」実業之日本社, 2004年.
後藤道夫（2005）「現代のワーキング・プア ― 労働市場の構造転換と最低限生活保障」『ポリティーク』Vo.10, 旬報社.
橋場典子「我が国における法教育の理念構築と実施課題に関する研究」北海道大学大学院教育学院修士論文.
乾彰夫（2006）「日本における以降過程の不安定化とフリーター・ニート問題」乾彰夫編著「不安定を生きる若者たち ― 日英比較 フリーター・ニート・失業」大月書店.
金崎幸子（2006）「日本の若年者就業支援策」小杉礼子・堀有喜衣編『キャリア教育と就業支援』勁草書房.
駒村康平（2007）「ワーキングプア・ボーダーライン層と生活保護制度改革の動向」『日本労働研究雑誌』No.563, 労働政策研究・研修機構.
児美川孝一郎（2007）「権利としてのキャリア教育」明石書店.
梶間みどり・堀有喜衣（2006）「イギリスのキャリア教育と就業支援」小杉礼子・堀有喜衣編『キャリア教育と就業支援』勁草書房.
小杉礼子（2006）「職業生活への移行支援と福祉」社会政策学会編『社会政策

学会誌 —— 社会政策における福祉と就労』第16号.
厚生労働省（2007）「労働経済白書（平成19年版）」国立印刷局.
京都教育大学附属京都小学校・中学校（2006）『これならできる「キャリア教育」』明治図書出版.
文部科学省初等中等教育局（2004）「キャリア教育の推進に関する総合的調査研究協力者会議報告書～児童生徒一人一人の勤労観，職業観を育てるために～」.
文部科学省初等中等教育局（2006）「高等学校におけるキャリア教育の推進に関する調査研究協力者会議報告書～普通科におけるキャリア教育の推進～」.
宮本太郎（2004）「ワーク・フェア改革とその対案 新しい連携へ？」『海外社会保障研究』No.147.
宮浦俊明（2006）「札幌星園高等学校の進路探求学習・キャリア教育実践」『公教育システム研究』第6号，教育行政学研究グループ.
中野麻美（2006）「労働ダンピング— 雇用の多様化の果てに」岩波新書.
OECD (2003), The PISA 2003 Assessment Framework: Mathematics, Reading, Science and Problem Solving Knowledge and Skills, OECD, Paris.
ロナルド・ドーア（2005）「働くということ」中央公論新社.
佐野正彦（2006）「フリーター・若年失業・ニートの実相」乾彰夫編著『不安定を生きる若者たち 日英比較 フリーター・ニート・失業』大月書店.
佐々木英一（1996）「デュアルシステムの公共性と批判的職業・経済教育学」佐々木亨編「技術教育・職業教育の諸相」大空社.
白川一郎（2005）「日本のニート・世界のフリーター 欧米の経験に学ぶ」中央公論新社.
谷内篤博（2005）「大学生の職業意識とキャリア教育」勁草書房.
山田久（2007）「ワーク・フェア — 雇用劣化・階層社会からの脱却」東洋経済新報社.
山崎保寿編著（2006）「キャリア教育が高校を変える—その効果的な導入に向

けて」学事出版.
柳井修（2001）「キャリア発達論―青年期のキャリア形成と進路指導の展開」ナカニシヤ出版.
キャリア教育の推進に関する総合的調査研究協力者会議「児童生徒一人一人の勤労観，職業観を育てるために」，文部科学省，2004.
新谷康子「教員の多忙と労働の特質：観察調査を通じて」，公教育システム研究，Vol. 11, pp. 1-36, 2012.
Benesse教育研究開発センター「小学校・中学校における学習指導の実態と教員の意識」，第四回学習指導基本調査，2008.
林徳治「コミュニケーション能力の向上を図る教員研修モデルとWeb教材の開発および実証」，日本教育情報学会学会誌，Vol.26, No.3, pp.3-15, 2011.
太田和男，2007，「大学・学生とインターンシップ―多様化するインターンシップ―」.
高良和武監修「インターンシップとキャリア」学文社，140-162.
国立大学協会，2005，「大学におけるキャリア教育のあり方－キャリア教育科目を中心に－」.
スージー・K・チョードリ，2005，「コーオプ教育の現状と展望」.
産学連携学会，2005，「産学連携学会のご案内」産学連携学会事務局.
田中宣秀，2007，「インターンシップはどのよう始まったのか」高良和武監修『インターンシップとキャリア』学文社，1-30.
中央教育審議会，1999，「初等中等教育と高等教育との接続の改善について（答申）」.
中央教育審議会，2010，「大学における社会的・職業的自立に関する指導等（キャリアガイダンス）の実施について（審議経過概要）」.
帝塚山大学，2006，「2006年度派遣型高度人材育成協同プランに採択！」（http://www.tezukayama-u.ac.jp/GP/tpcs04.html, 2011,9,22）.
独立行政法人 日本学生支援機構，2011，「大学，短期大学，高等専門学校における学生支援の取組状況に関する調査（平成22年度）」.

松澤 孝明，2005，「産学官連携による新しい人材育成システムの構築に向けて－コーオプ教育型インターンシップによる科学技術人材育成への挑戦－」『産学官連携ジャーナル』11：16-20.
文部科学省，2004，「キャリア教育の推進に関する総合的調査研究協力者会議報告書」.
文部科学省，2011，「学校基本調査-平成23年度（速報）」.
立命館大学，2005，「文理連携型コーオプ教育(総合大学モデル)」（http://www.ritsumei.ac.jp/mng/gl/koho/rs/051017/005.htm, 2011,9,15）.

巻末資料

キャリア教育・進路指導に関する総合的実態調査

第一次報告書（概要版）

－キャリア教育の現状と課題に焦点をあてて―

（平成25年3月）

【国立教育政策研究所生徒指導・進路指導研究センター】

https://www.nier.go.jp/shido/centerhp/career_jittaityousa/pdf/report_gaiyou.pdf

キャリア教育・進路指導に関する総合的実態調査
第一次報告書（概要版）

－キャリア教育の現状と課題に焦点をあてて－

平成25年（2013）3月

国立教育政策研究所生徒指導・進路指導研究センター

目　次

Ⅰ．キャリア教育・進路指導に関する総合的実態調査の概要……………… 110

Ⅱ．キャリア教育の現状と課題

1．小学校…………………………………………………………………… 114

2．中学校…………………………………………………………………… 128

3．高等学校……………………………………………………………… 139

4．小学校・中学校・高等学校の校種間比較………………………… 149

Ⅰ．キャリア教育・進路指導に関する総合的実態調査の概要

１．調査の目的

本調査は、キャリア教育や進路指導に関する実態を把握するとともに、それらに関する在校生及び卒業者の意識等も明らかにし、前回までの調査との変容と、今後の各学校におけるキャリア教育・進路指導の改善・充実を図るための基礎資料を得ることを目的として、７年に１度、実施している。

前回調査は、中学校・高等学校を対象として平成17年２月中旬～３月初旬に実施したが、近年、児童生徒の社会的・職業的自立に向け、小学校段階から発達段階に応じたキャリア教育の推進・充実が強く求められている状況を踏まえ、今回新たに小学校も調査対象に加え、調査を実施した。

２．調査の実施時期

平成24年10月上旬～11月中旬

３．調査の種類・方法等

(1) キャリア教育・進路指導の実施状況と意識調査（学校調査）
(2) 学級・ホームルーム担任の進路指導及びキャリア教育に関する意識調査（学級・ホームルーム担任調査）
(3) 在校生の意識調査（児童生徒調査）
(4) 在校生の保護者の意識調査（保護者調査）
(5) 就職及び進学した卒業者の意識調査（卒業者調査、中学校・高等学校のみ）

①学校調査

各都道府県、政令指定都市教育委員会において所管の公立小学校・中学校・高等学校（本校のみ）の中から指定された数の学校を抽出する。その際、小学校・中学校については、（ⅰ）200人未満、（ⅱ）200人以上600人未満、（ⅲ）

600人以上、高等学校については、(ⅰ)600人未満、(ⅱ)600人以上1000人未満、(ⅲ)1000人以上の規模の学校を必ず含むものとする。

②学級・ホームルーム担任調査

上記①により選定された学校において、小学校は第6学年、中学校・高等学校は第3学年の学級・ホームルーム担任教員全員の中から2名を無作為に抽出する。ただし、該当学年の学級数が2以下の場合は、学級・ホームルーム担任教員全員を調査対象とする。

③児童生徒調査

上記①により選定された学校の中から2校を無作為に抽出する。また、抽出された学校において、小学校は第6学年、中学校・高等学校は第3学年の学級・ホームルーム全体の中から各1学級・ホームルームを無作為に抽出して、当該学級・ホームルームの児童生徒全員を調査対象とする。

④保護者調査

上記③により児童生徒調査の対象となった学級・ホームルームの生徒の保護者を対象とする。

⑤卒業者調査

上記③により選定された学校の平成24年3月卒業者の中から20名を無作為に抽出する。

※調査は、都道府県・政令指定都市教育委員会等を経由して配布・回収した。ただし、卒業者調査のみ調査回答後、直接国立教育政策研究所あてに返送を求めた。

4．調査対象数と調査対象の母数

○調査対象数

区　分	公立小学校		公立中学校		公立高等学校	
	予定数	依頼数	予定数	依頼数	予定数	依頼数
学校調査	1,000	1,000	500	500	1,000	1,000
学級担任調査	2,000	(2,000)	1,000	(1,000)	2,000	(2,000)
児童生徒調査	5,360	4,223	5,360	4,422	5,040	4,738
保護者調査	5,360	4,223	5,360	4,422	5,040	4,738
卒業者調査	―	―	2,680	2,679	2,520	2,500

※児童生徒調査・保護者調査の予定数は１学級40名として算出した数、依頼数は調査時点での在籍児童生徒数（実際の調査対象者数）を示している。

※担任調査については、該当学年（小学校:6年、中学校･高等学校３年）の学級･ホームルーム担任教員の中から2名を対象としているが、該当学年の学級数が1の場合、当該学級の担任1名しか回答していないため、依頼数の実数は把握していない。

○調査対象の母数

区　分	公立小学校	公立中学校	公立高等学校
学校数	21,166	9,860	3,688
児童生徒数	1,155,573	1,091,899	770,578
卒業者数	1,161,723	1,099,960	747,456

※学校数、児童生徒数、卒業者数（平成24年3月）は学校基本調査による。

5．調査回収率

区　分	公立小学校		公立中学校		公立高等学校	
	予定数	依頼数	予定数	依頼数	予定数	依頼数
学校調査	995	99.5%	500	100.0%	993	99.3%
学級担任調査	1,681	(84.1%)	950	(95.0%)	1,978	(98.9%)
児童生徒調査	4,179	99.0%	4,235	95.8%	4,660	98.4%
保護者調査	4,008	94.9%	3,931	88.9%	4,259	89.9%
卒業者調査	－	－	1,503	56.1%	1,169	46.8%

※担任調査については、予定数に対する回収率を示した。

Ⅱ．キャリア教育の現状と課題

1．小学校

・約8割の学校がキャリア教育担当者を配置しており、小学校においてもキャリア教育推進への対応が進みつつある。しかし、担当者の多くが他の担当との兼任であること、担当者が一人のみの割合が高いこと等の課題もある。（→A）
・キャリア教育の全体計画の作成は6割、年間指導計画の作成は5割程度の学校にとどまっている。児童の発達の段階に応じた系統的なキャリア教育の実践のため、指導計画の作成を推進する必要がある。（→A）
・年間指導計画に「キャリア・カウンセリングが含まれている」割合は極めて低く1割を下回る。キャリア・カウンセリングは、単に卒業直後の進路決定のための相談ではなく、児童のキャリア発達を促す上で欠かせない個別支援であることを認識する必要がある。（→E）
・「基礎的・汎用的能力」（＊1）に関する教員の理解が不十分であり、キャリア教育に関する校内研修に参加したことがない教員も6割を超えている。学校全体での系統的なキャリア教育の実践に向け、キャリア教育の理解を共有するため、研修機会の拡充を図る必要がある。（→B）
・児童の多くは、「友だちの考えや気持ちを考えながら話を聞こうとする」など「人間関係形成能力」にかかわる事柄について日常的に留意しつつ生活しているが、「キャリアプランニング能力」や「課題対応能力」にかかわる事柄について留意して生活している児童は少ない。（→C）
・9割以上の保護者は小学校で職業や仕事について学習することを有意義だと捉えている。（→D）
・キャリア教育の新たな課題ともいえる「自己管理能力」、「課題対応能力」を向上させる上で、職業に関する学習やキャリア・カウンセリングの充実が効果を発揮する。（→トピックス）

A　学校調査

キャリア教育の担当者は83.9%の学校に置かれており、キャリア教育の推進が徐々に図られつつある。しかし、多くが他の担当との兼任であり、担当者が一人のみの割合も高い。また、全体計画の作成は63.4%、年間指導計画の作成は46.7%の学校にとどまる。小学校においては、まずキャリア教育推進のための組織の確立、全体計画・年間指導計画等の作成を推進する必要があろう。

「キャリア教育を推進する上で重視したこと」では、「教育課程全体を通したキャリア教育」が62.3%と高く、全体を俯瞰した計画になるよう留意している一方で、体験活動の推進に関する項目は２割から３割にとどまっている。また、「取組の改善につながる評価」、「キャリア・カウンセリングを取り入れること」はほとんど重視されていない。日ごろ実践されている体験活動や評価、教育相談をキャリア教育のねらいと照らし合わせて見直し、計画として位置づけるよう促していく必要がある。

「キャリア教育の一環として行う諸機関との連携」では、「家庭や保護者（PTAの委員会などを含む）」「企業や事業所など」と「特に連携はしていない」と回答した学校が、ともに３割程度を占めた。小学校におけるキャリア教育では、家族や身近な地域の人々との豊かなかかわりの中で、その一員であることを体験的に理解させることが求められる。家庭や地域などとの連携・協力を進めていくことが必要である。

B　学級担任調査

「キャリア教育の推進が求められていること」は76.9%の担任が「知っていた」と回答している。しかし、「基礎的・汎用的能力」について、「詳しく知っている」、「ある程度知っている」は合わせて29.2%にとどまり、「聞いたことがない」が26.7%見られた。また、キャリア教育に関する資料や情報を「読んだことがない」が23.9%、キャリア教育に関する校内研修に「参加したことがない」が65.2%を占めている。キャリア教育の推進についての周知が進む一方で、キャリア教育を通して育成すべき力など、その理念や具体的な内容に関する理解は十分とは言えず、キャリア教育に関する研修も十分にはなされていない状況が見受けられる。

キャリア教育の計画・実施については、「全体計画に基づいて学級・学年の計画を作成している」は43.0%、「児童の発達の現状をふまえて計画を作成している」は35.1%にとどまっている。学校の特色や教育目標に基づいた全体的な方針を定めた上で、子どものキャリア発達を促す指導計画を作成することが必要である。

「キャリア教育について困ったり悩んだりしていること」としては、「実施時間の確保」、「キャリア・カウンセリング」、「評価の方法」などが上位を占めている。その一方で、「今後の重要課題」として、「キャリア・カウンセリングの充実」や「キャリア教育の評価」、「指導案の作成や指導案の工夫」といった項目を挙げる回答は少数にとどまった。「困ったり悩んだりしていること」を今後の課題として積極的にとらえ、実践の改善に結びつけようとする認識を広く共有できるよう、研修機会を拡充する必要がある。

「特に重点をおいて指導していること」をみると、「役割や分担を考え、周囲の人と力を合わせて行動すること」や「不得意や苦手なことでも、進んで取り組むこと」など、「人間関係形成・社会形成能力」や「自己理解・自己管理能力」に関する項目で高い。一方、「自分の目標の実現に向かって行動すること」、「将来について具体的な目標をたて、実現方法を考えること」、「適切な計画を立てて進めたり、評価や改善を加えて実行したりすること」など「課題対応能力」、「キャリアプランニング能力」に該当する項目については低い傾向が見られた。

C　児童調査

自分が将来就きたい職業について、80.2%の児童が「将来就きたい職業が決まっている」と回答している。職業を選ぶにあたっては、「興味や好みに合っている職業」「性格や能力をいかせる職業」など自己の適性を重視する傾向が見られる。

普段の生活では「友だちの考えや気持ちを考えながら話を聞こうとする」など人間関係形成能力に関するものについてはよく意識されている一方で、「今学習していることと将来とのつながり」について考えるキャリアプランニング能力に関するものや、「知りたいことについて進んで調べようとする」課題対応能力に関するものについては、普段の生活の中ではあまり意識されていない。夢や目標をもつことの大切さを伝えながら、今の日常･学校生活における課題対応の機会を充実させていくことが求められる。6年間に及ぶ小学校在学期間中に、大きく成長する児童の発達の段階に応じて、身に付けさせたい基礎的･汎用的能力を明確にしながら、キャリア教育を推進することが必要である。

D　保護者調査

キャリア教育の名称自体については「聞いたことがない」が73.6%を占めるが、多くの家庭で将来の生き方や進路について話し合っており、特に「上級学校のことや様々な職業のこと」については、77.8%の家庭で話題にされている。また、小学校で職業や仕事についての学習をすることを「有意義だ」と回答した保護者は9割を超えている。

義務教育終了後の進路選択の際には、「子どもの適性や興味」、「夢や希望」を重視する傾向がみられ、「家族の就いている職業や仕事」については、あまり重視されていない。学校教育に対する期待については、「自分の気持ちを整理して伝えること」、「周囲の人と力を合わせて行動すること」など、人間関係形成能力に関する内容が高く、「自分の将来について具体的な目標を立てること」、「将来の夢に向かって行動すること」などのキャリアプランニング能力に関する内容については、やや低くなっている。

保護者のキャリア教育に対する認知度は高いとは言えないが、潜在的な期待度は高いと考える。小学校においてはキャリア教育の充実と共に、その取組について積極的に地域･家庭に発信していくことが必要である。

E　調査票間の比較―キャリア・カウンセリングに焦点をあてて―

キャリア・カウンセリングは、新たな環境や課題への不安を解消させ、勇気を持って取り組めるようにさせるための「対話」を通した個別の支援である。言語的なコミュニケーションを手段として、キャリア教育の目標の達成に向けた働きかけを行うところに特徴がある。小学校においてもキャリア・カウンセリングは必要である。

しかし、学校調査において「年間指導計画」があると回答した学校のうち、「キャリア・カウンセリングが含まれている」と回答した学校は5.7%と低い（表1)。また、すべての学校に問うた「計画を立てる上で、重視したことがら」として、「キャリア・カウンセリング」を選択した割合は2.2%にとどまっている（表２)。同様に、担任調査において、「キャリア・カウンセリングを実施している」と回答した教員は4.7%と極めて低い（表３)。これらの結果からは、小学校ではキャリア・カウンセリングが「卒業直後の進路決定のための相談」と限定的に受け止められ、その大切さが十分に認識されていない可能性が推測される。

【表1】年間指導計画には、以下の内容が含まれていますか［学校調査］
(「年間指導計画を立てている」とした457校のうち)

選択項目	割合
キャリア・カウンセリング（すべての児童を対象にした相談活動）	5.7%

【表2】貴校が平成24年度のキャリア教育の計画を立てる上で、重視したことがらはどれですか［学校調査］(対象校976校のうち)

選択項目	割合
キャリア・カウンセリングを取り入れること	2.2%

【表3】あなたの学級あるいは学年における、キャリア教育の計画・実施の現状について、あなたが「そのとおりである」と思うものをすべて選んでください［担任調査］

選択項目	割合
キャリア・カウンセリングを実施している	4.7%

しかしその一方で、学級のキャリア教育について「困ったり悩んだりしていること」を問う設問(*2)に対して、学級担任の4割弱が「キャリア・カウンセリングの内容・方法がわからない」を挙げていることから、キャリア・カウンセリングの意義や方法に関する研修の充実によって、現状の改善が期待できるとも言えよう。

一人一人のキャリア発達を促す視点から小学校の教育活動を見直し、指導計画の一環にキャリア・カウンセリングを位置づけることによって、個に応じた実践の拡充に結び付けられるようにすることが重要である。

《トピックス》 職業に関する学習が自己管理能力や課題対応能力の向上を促す

「基礎的・汎用的能力」が提示されるまで、大多数の学校におけるキャリア教育の基盤として活用されてきたのは、国立教育政策研究所生徒指導研究センターによる調査研究報告書『児童生徒の職業観・勤労観を育む教育の推進について』（平成14年11月）が提示した「職業観・勤労観を育む学習プログラムの枠組み（例)」に基づく能力論―いわゆる「4領域8能力」論―である。

この「4領域8能力」と今日求められる「基礎的・汎用的能力」には共通する要素が多いが、「基礎的・汎用的能力」における「自己管理能力」や「課題対応能力」は、「4領域8能力」には明示的に組み入れられておらず、これらの能力の向上を図ることは、キャリア教育の新たな課題の一つであると言える。

では、どのような学習活動が自己管理能力や課題対応能力を高めるのだろうか。

(1) 自己管理能力や課題対応能力を促進する学習活動（児童調査より）

ここではまず、「ふだんの生活（授業中や放課後、家庭での生活)」を振り返ったときに当てはまるものを尋ねる児童調査(*3)の中から、自己管理能力を示す項目として「好きではないことや苦手なことでも、進んで取り組もうとしている」を、課題対応能力を示す項目として「調べたいことや知りたいことがある時、進んで資料や情報を集めたり人にたずねたりしている」をそれぞれ取り上げた。次に、将来の職業についての学習活動（5項目）のうち経験したことのあるものを問う設問(*4)に注目し、各学習活動の有無により児童の自己管理能力・課題対応能力に違いが見出せるかどうかを分析した。0.1%水準で有意であった結果のうち、特に重要な示唆が得られるものについて整理したのが図1・図2である。

図１に示したように、「自分にあった職業を考える学習」に取り組んでいる方が「好きではないことや苦手なことでも、進んで取り組もうとしている」姿勢が強く、同様の傾向は「自分がなりたい職業の内容について調べる活動」についてもみられ、適職探索が苦手なものに取り組もうとする自己管理能力を高める可能性が示唆された。

図２に示したように、「いろいろな仕事を知る学習」は「調べたいことや知りたいことがある時、進んで資料や情報を集めたり人にたずねたりしている」傾向を高めている。同様の傾向は、「お店や工場、農家や漁師の仕事など、様々な職業を見学したり体験したりする活動」「大人の人から職業についてのお話しを聞いたり、質問したりする活動」についてもみられた。仕事調べの学習が資料・情報を集めたり人にたずねたりする課題対応能力を高める可能性を示唆していると考えられる。

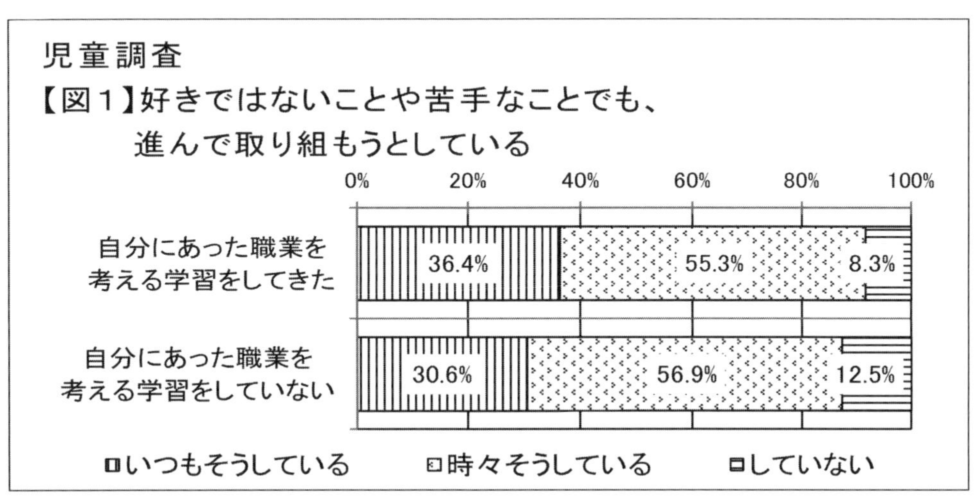
児童調査
【図１】好きではないことや苦手なことでも、
進んで取り組もうとしている
0%
20%
40%
60%
80%
100%
自分にあった職業を
考える学習をしてきた
36.4%
55.3%
8.3%
自分にあった職業を
考える学習をしていない
30.6%
56.9%
12.5%
いつもそうしている
時々そうしている
していない

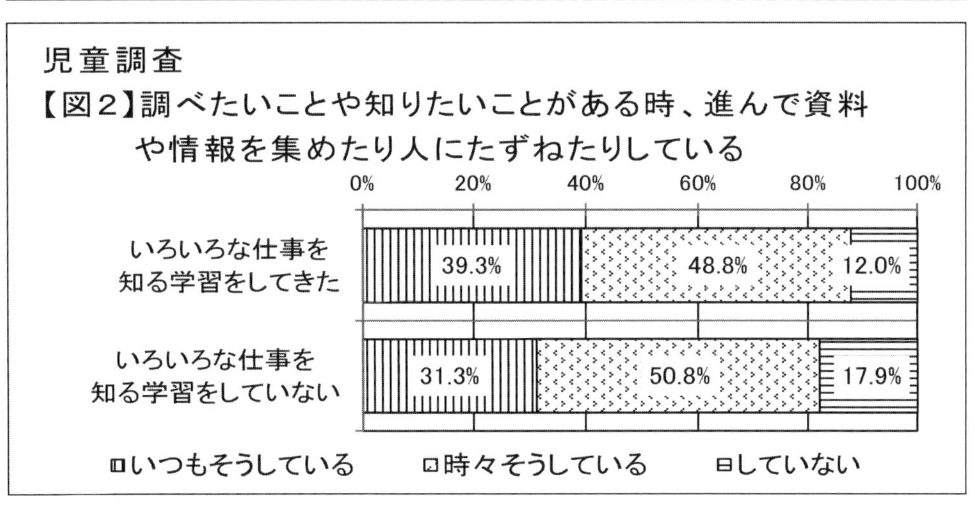
児童調査
【図２】調べたいことや知りたいことがある時、進んで資料
や情報を集めたり人にたずねたりしている
0%
20%
40%
60%
80%
100%
いろいろな仕事を
知る学習をしてきた
39.3%
48.8%
12.0%
いろいろな仕事を
知る学習をしていない
31.3%
50.8%
17.9%
いつもそうしている
時々そうしている
していない

(2) 自己管理能力や課題対応能力の指導を促進する要因(担任調査より)

次に、キャリア教育の実践と、今後の課題に関する教員の意識に焦点を絞り、自己管理能力や課題対応能力を高める指導を促進する要因を探ってみたい。

ここでは、担任する学級において「重点をおいて指導している」事項のうち、「不得意なことや苦手なことでも、自分の成長のために進んで取り組もうとすること」(自己管理能力)と「調べたいことがある時、自ら進んで資料や情報を集め、必要な情報を取捨選択すること」(課題対応能力)の2項目(*5)をとりあげた。次に、「学級でキャリア教育を適切に行っていく上で今後重要になると思うこと」を問う設問に列挙された15項目(*6)に注目し、今後の重要課題と考えている項目の違いによって、児童の自己管理能力・課題対応能力に関する指導の程度が異なるかどうかを分析した。0.1%水準で有意であった結果のうち、特に意味のある示唆が得られるものを整理したのが図3・図4である。

図3に示したように、「キャリア・カウンセリングの充実」を重要課題として認識しているほど、「不得意なことや苦手なことでも、自分の成長のために進んで取り組もうとすること」を「よく指導している」割合が高い。同様の傾向は、「諸計画に基づくキャリア教育の実施」や「キャリア教育を実施するための時間の確保」、「キャリア教育に関する指導案の作成や教材の工夫」、「職場見学等の体験活動における受入事業所等の開拓」、「学級のキャリア教育の計画・実施に対する他の教員の理解と協力」および「キャリア教育の成果に関する評価」についてもみられた。これらの取り組みは、自己管理能力に関する指導を促進する要因であると推察される。

図4に示したように、「キャリア教育に関する指導案の作成や教材の工夫」を重要な課題であると思うほど、「調べたいことがある時、自ら進んで資料や情報を集め、必要な情報を取捨選択すること」を「よく指導している」割合が高い。同様の傾向は、「キャリア教育を実施するための時間の確保」についてもうかがえた。これらの取り組みが、課題対応能力に関する指導を促進する要因である可能性が示されたと言えよう。

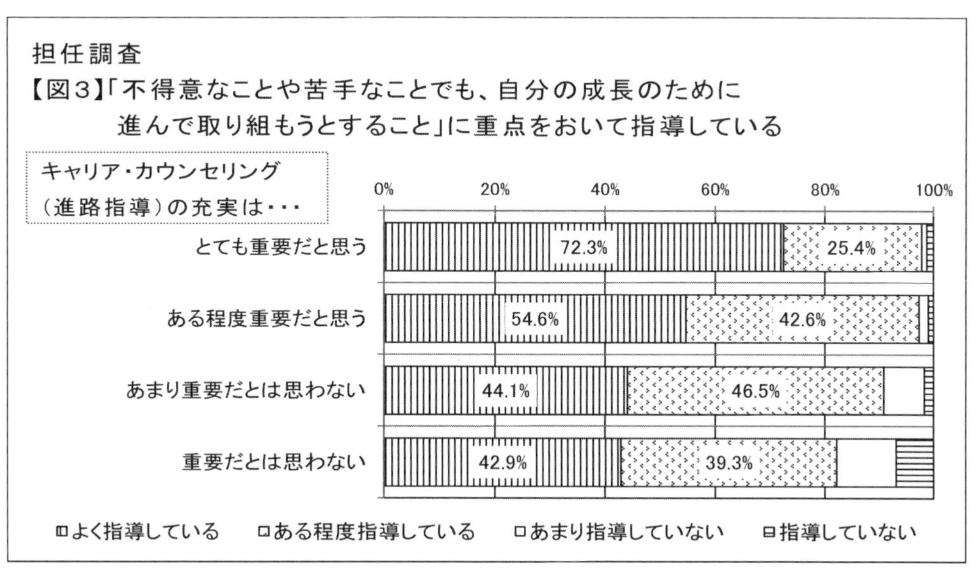
担任調査
【図3】「不得意なことや苦手なことでも、自分の成長のために
進んで取り組もうとすること」に重点をおいて指導している
キャリア・カウンセリング
（進路指導）の充実は・・・
0%
20%
40%
60%
80%
100%
とても重要だと思う
72.3%
25.4%
ある程度重要だと思う
54.6%
42.6%
あまり重要だとは思わない
44.1%
46.5%
重要だとは思わない
42.9%
39.3%
よく指導している
ある程度指導している
あまり指導していない
指導していない

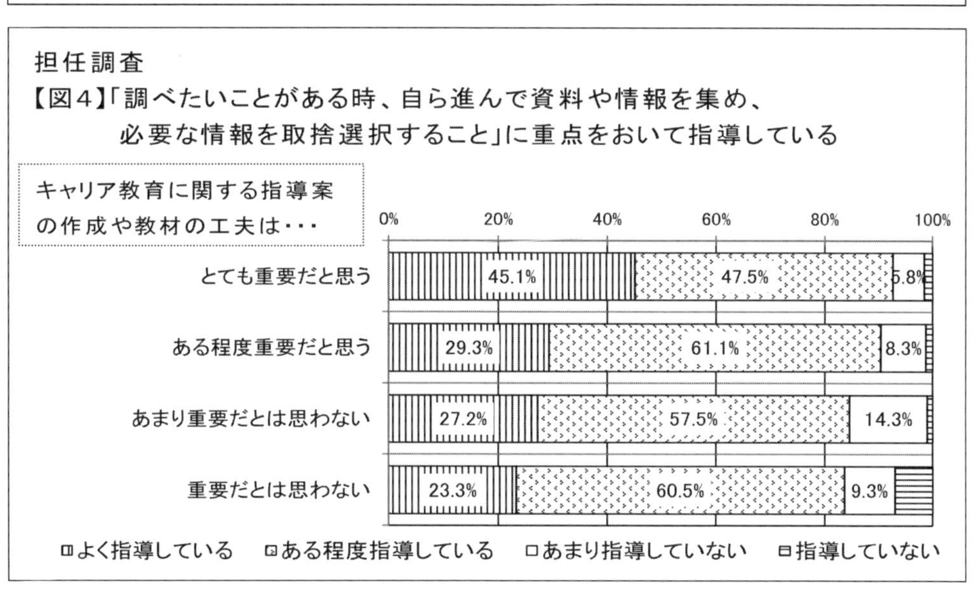
担任調査
【図4】「調べたいことがある時、自ら進んで資料や情報を集め、
必要な情報を取捨選択すること」に重点をおいて指導している
キャリア教育に関する指導案
の作成や教材の工夫は・・・
0%
20%
40%
60%
80%
100%
とても重要だと思う
45.1%
47.5%
5.8%
ある程度重要だと思う
29.3%
61.1%
8.3%
あまり重要だとは思わない
27.2%
57.5%
14.3%
重要だとは思わない
23.3%
60.5%
9.3%
よく指導している
ある程度指導している
あまり指導していない
指導していない

1　「基礎的・汎用的能力」は、中央教育審議会「今後の学校におけるキャリア教育・職業教育の在り方について（答申)」(平成23年１月）によって提示された。答申は、これを「分野や職種にかかわらず、社会的・職業的自立に向けて必要な基盤となる能力」と定義づけ、幼児期の教育から高等教育まで体系的に進められるキャリア教育によって中心的に育成される能力であるとしている。

答申は、「基礎的・汎用的能力」の具体的内容について、「『仕事に就くこと』に焦点を当て、実際の行動として表れるという観点から、『人間関係形成･社会形成能力』『自己理解・自己管理能力』『課題対応能力』『キャリアプランニング能力』の4つの能力に整理した」と述べている。それぞれの能力についての答申の解説は以下の通り。

・人間関係形成・社会形成能力:多様な他者の考えや立場を理解し、相手の意見を聴いて自分の考えを正確に伝えることができるとともに、自分の置かれている状況を受け止め、役割を果たしつつ他者と協力・協働して社会に参画し、今後の社会を積極的に形成することができる力
・自己理解・自己管理能力:自分が「できること」「意義を感じること」「したいこと」について、社会との相互関係を保ちつつ、今後の自分自身の可能性を含めた肯定的な理解に基づき主体的に行動すると同時に、自らの思考や感情を律し、かつ、今後の成長のために進んで学ぼうとする力
・課題対応能力:仕事をする上での様々な課題を発見・分析し、適切な計画を立ててその課題を処理し、解決することができる力
・キャリアプランニング能力:「働くこと」の意義を理解し、自らが果たすべき様々な立場や役割との関連を踏まえて「働くこと」を位置付け､多様な生き方に関する様々な情報を適切に取捨選択・活用しながら、自ら主体的に判断してキャリアを形成していく力

2　学級のキャリア教育について、あなた自身が困ったり悩んだりしていることについておたずねします。あてはまるものをすべて選んでください。

(1) キャリア教育の全体計画がない
(2) キャリア教育に関する学年や学級の計画がない
(3) キャリア教育を実施する十分な時間が確保できない
(4) キャリア教育に関する指導の内容・方法をどのようにしたらよいかわからない
(5) キャリア教育の適切な教材が得られない
(6) **キャリア・カウンセリングの内容・方法がわからない**
(7) 学校・学年の理解や協力が得られない
(8) キャリア教育にかかわる学習や体験活動について、保護者の理解や協力が得られない

(9) キャリア教育にかかわる学習や体験活動の計画・実施にあたって地域や企業等の協力が得られない
(10)キャリア教育を推進する予算が確保されない
(11)キャリア教育に関する研修の機会が得られない
(12)キャリア教育の計画・実施についての評価の仕方がわからない
(13)評価に基づいたキャリア教育の計画や実践に関する改善がなされない
(14)上記の中にあてはまる悩みはない

3　あなたのふだんの生活（授業中や放課後、家庭での生活）についておたずねします。次の（1）～（12）のそれぞれについて、自分のふだんの生活の様子をふり返った時、あてはまるものを1～3［引用者注:1いつもそうしている、2時々そうしている、3そうしていない］の中から1つずつ選んで、その番号の下にある○の中をぬりつぶしてください。

(1) 友だちや家の人の話を聞く時は、その人の考えや気持ちを分かろうと気をつけている
(2) 自分の考えや気持ちを、相手に分かりやすく伝えようと気をつけている
(3) 自分から仕事を見つけたり、役割分担したりしながら、力を合わせて行動しようとしている
(4) 自分が興味をもっていること、長所や短所などについて分かろうとしている
(5) 気持ちが落ち込んで、やる気が出ないときでも、やるべきことはきちんとやろうとしている
(6) **好きではないことや苦手なことでも、進んで取り組もうとしている**
(7) **調べたいことや知りたいことがある時、進んで資料や情報を集めたり人にたずねたりしている**
(8) 何か困ったことや問題が起きた時、「どうして起きたのか」「どうすればよいのか」を考えようとしている
(9) 何かをする時、計画を立てて進めたり、進めている途中でやり方に工夫を加えたりしている
(10)学習することや仕事をすることの大切さについて考えたり、今学校で学習していることと自分が大人になった時のこととのつながりを考えたりしている
(11)将来のあこがれの職業や役割をもち、それをかなえる方法について考えている
(12)自分の夢や目標に向かって努力したり、生活や勉強の仕方を工夫したりしている

4　あなたは、将来の職業について、これまで学校でどのような学習活動をしてきましたか。活動したことがあると思うものをすべて選び、その番号の下にある○の中をぬりつぶしてください。

(1) いろいろな仕事を知る学習
(2) 自分にあった職業を考える学習
(3) 自分がなりたい職業の内容について調べる活動
(4) お店や工場、農家や漁師の仕事など、様々な職業を見学したり体験したりする活動
(5) 大人の人から職業についてのお話を聞いたり、質問したりする活動

5　あなたの学級でキャリア教育を行う上で、特にどのようなことに重点をおいて指導していますか。次の（1）～（12）のそれぞれについて、あてはまるものを1～4［引用者注:1よく指導している、2ある程度指導している、3あまり指導していない、4指導していない］の中から1つずつ選んでください。
(1) 様々な立場や考えの相手に対して、その意見を聴き理解しようとすること
(2) 相手が理解しやすいように、自分の考えや気持ちを整理して伝えること
(3) 自分の果たすべき役割や分担を考え、周囲の人と力を合わせて行動しようとすること
(4) 自分の興味や関心、長所や短所などについて把握し、自分らしさを発揮すること
(5) 喜怒哀楽の感情に流されず、自分の行動を適切に律して取り組もうとすること
(6) **不得意なことや苦手なことでも、自分の成長のために進んで取り組もうとすること**
(7) **調べたいことがある時、自ら進んで資料や情報を集め、必要な情報を取捨選択すること**
(8) 起きた問題の原因、解決すべき課題はどこにあり、どう解決するのかを工夫すること
(9) 活動や学習を進める際、適切な計画を立てて進めたり、評価や改善を加えて実行したりすること
(10) 学ぶことや働くことの意義について理解し、学校での学習と自分の将来をつなげて考えること
(11) 自分の将来について具体的な目標をたて、現実を考えながらその実現のための方法を考えること
(12) 自分の将来の目標の実現に向かって具体的に行動したり、その方法を工夫・改善したりすること

6　学級でキャリア教育を適切に行っていく上で、現状からみて、今後どのようなことが重要になると思いますか。次の（1）～（15）のそれぞれについて、あてはまるものを1～4［引用者注:1とても重要だと思う、2ある程度重要だと思う、3あまり重要だとは思わない、4重要だとは思わない］の中から1つずつ選んでください。

(1) 学校のキャリア教育全体計画に基づく学級・学年のキャリア教育の計画の立案
(2) 児童のキャリア発達の課題に即した学級・学年のキャリア教育の計画の立案
(3) 諸計画に基づくキャリア教育の実施
(4) キャリア教育を実施するための時間の確保
(5) 自らの生き方にかかわるキャリア教育の充実
(6) **キャリア・カウンセリングの充実**
(7) **キャリア教育に関する指導案の作成や教材の工夫**
(8) キャリア教育に関する研修などへの参加による自己の指導力の向上
(9) キャリア教育にかかわる体験的な学習（工場見学・商店街見学・農家見学等を含む職場見学や社会人による講話・実演など）の充実
(10) キャリア教育にかかわる体験的な学習（工場見学・商店街見学・農家見学等を含む職場見学や社会人による講話・実演など）における事前・事後指導の充実
(11) 職場見学等の体験活動における受入事業所等の開拓
(12) 社会人や保護者の講話など、地域や家庭の教育力の活用
(13) キャリア教育の計画・実施に対する保護者の理解と協力
(14) 学級のキャリア教育の計画・実施に対する他の教員の理解と協力
(15) キャリア教育の成果に関する評価

2. 中学校

・キャリア教育の全体計画・年間指導計画とも、約8割の学校で作成されており、計画的な実践の定着が進んでいる。(→A)
・ほぼ全ての学校にキャリア教育の担当者が配置されているが、在任期間は1年目が4割を占め、第3学年の学級担任等との兼任も約4割に及んでいる。卒業学年に焦点を当てた組織体制である可能性があり、中学校3年間の継続性や系統性の確保の面から改善が望まれる。(→A)
・キャリア教育に関する校内研修に「参加したことがない」担任は約5割に及んでいる。教育活動全体を通じた系統的なキャリア教育の実践のため、研修への参加により、すべての担任の理解を深めることが課題である。(→B)
・職場体験活動はほとんどの学校で実施されており、第2学年での実施率が89.5%と最も高い。また、約9割の卒業者が「有意義だった」と評価している。その一方で、多くの生徒や卒業者が将来の生き方や進路を考える上で日々の授業が役立つと回答していることを踏まえると、職場体験活動にとどまらず、教育活動全体を通じたキャリア教育の充実を図る必要がある。(→A、C、E)
・保護者の期待は進学支援に限定されてはおらず、生徒の社会的・職業的自立を目指した多様なキャリア教育を望んでいる。保護者の幅広い期待に応える実践の充実が求められる。(→D、F)
・キャリア教育の全般的な充実、職場体験活動の日数の増加は、ともに生徒の学習意欲を向上させる可能性があり、キャリア教育の一層の拡充が期待される。(→トピックス)

A 学校調査

キャリア教育の全体計画は81.3%、年間指導計画は76.7%の学校で作成されており、計画的なキャリア教育実践の定着が確認された。キャリア教育の担当者は98.0%の学校に位置づけられており、キャリア教育の組織的な推進も図られつつある。しかし、現任校における在任期間を見ると１年目が41.5%と最も高く、６年目以上は10.0%であった。また兼任状況については、第3学年の学級担任・副担任あるいは学年主任との兼任が40.8%、第１・２学年との兼任が30.3%となっている。一方、進路指導主事を兼任している担当者は61.4%と高い割合となったが、前回調査において進路指導主事の45.4%は「第3学年の学級担任あるいは学年主任との兼任」であることが示されている。これらの結果から、今日でもなお、卒業を控えた第3学年に焦点を当てた組織体制が続いていることが推察される。中学校の教育活動全体を通した系統的なキャリア教育を担う観点から改善を図る必要があろう。

「キャリア教育を推進する上で重視したこと」では、「職業や就労にかかわる体験活動を充実させること」の89.3%を筆頭に、体験活動の推進にかかわる項目が上位を占めている。第2学年での職場体験活動の実施率が89.5%に上ることが示している通り、職場体験活動の充実ぶりは顕著であり、学校もそれを重視している状況が明らかとなった。その一方で、「卒業生への追指導」、「取組の改善につながる評価の実施」、「学年末や卒業時までに具体的な目標を立てること」、「基礎的・汎用的能力との関連を整理すること」などを重視した割合は、1割から2割程度と極めて低い。

これらのことから、中学校においては、充実した職場体験活動を生かしながら、キャリア教育のねらいに立ち返り、3年間を通して生徒のキャリア発達の課題に即した系統的な取組や各教科の学習と結びつけた取組等を一層推進し、計画性・体系性を持った展開へと改善を図っていく必要がある。

B 学級担任調査

「キャリア教育の推進が求められていること」では76.8%が「知っていた」と回答した。しかし、「基礎的・汎用的能力」について、「詳しく知っている」、「ある程度知っている」は合計29.6%にとどまり、「聞いたことがない」が31.4%見られた。その一方で、キャリア教育の計画・実施について、「職業にかかわる体験活動の実施」は88.1%、「職場体験活動での事前・事後指導の実施」は82.1%に上り、体験活動を中核とした実践が定着していることが明らかとなった。しかし、「キャリア教育に関する研修などに積極的に参加し、自己の指導力の向上に努めている」8.4%、「キャリア教育の成果についての評価を行っている」27.6%など、十分な取組とは言い難い側面もある。また、キャリア教育に関する校内研修に「参加したことがない」学級担任も47.1%を占めている。一人一人の教員のキャリア教育への理解を深め、系統的な実践に発展させるための取組の拡充が喫緊の課題であると言えよう。

C　生徒調査

将来の職業や進路について、97.0%の生徒が「将来何かの職業や仕事に就いて働きたい」と考えており、66.8%の生徒が「将来就きたい職業や仕事が決まっている」と答えている。勤労に向けた意欲は極めて高く、かつて懸念されていたフリーター志向は見受けられない。前回調査と比べると、将来の職業や仕事を選ぶにあたっては、「高い収入が得られること」よりも「失業のおそれがないこと」をより重視する傾向が見られる。近年の経済・雇用の状況が、生徒の意識の変容に影響を与えた結果であると推察される。

将来の生き方や進路に関する体験活動のうち、「積極的に」、「ある程度積極的に」取り組んだものとして、最も多く挙げられたのは「職場での体験活動」であった。また、中学校に入学してからこれまで経験した学習や受けた指導の中で「、生き方や進路を考える上で役に立ったもの」として、「様々な教科における日々の授業」、「部活動などの課外活動」、「係活動・委員会活動や生徒会活動などの日々の活動」、「職場での体験活動」が多く挙げられている。職場での体験活動はもちろんのこと、教科指導や特別活動などを含めた日々の様々な教育活動を、「将来の生き方や進路を考える上で役立っている」という生徒が多く見られる現実を改めて意識し、キャリア教育の視点に立って教育活動全体の改善を図る必要がある。

D　保護者調査

キャリア教育の名称を、「聞いたことがない」とした保護者が70.0%を占めるが、多くの家庭で将来の生き方や進路について話し合っており、特に「進学先や就職先などの進路情報」については73.3%の家庭で話題にされている。また、職場体験活動を「有意義だ」と回答した保護者は９割を超えており、「学ぶことや働くことの意義を考えさせる学習」をキャリア教育や進路指導に関する学習内容として期待する割合も高い。保護者のキャリア教育に対する認知度は高いとは言えないが、卒業後の進路にかかわる指導にとどまらず、子どもの将来を見渡した長期的視点に立った学習を期待している様子がうかがえる。

指導については、「周囲の人と力を合わせて行動しようとすること」、「自分の考えや気持ちを整理して伝えること」など人間関係形成能力に関する内容に重点をおいて指導してほしいと考えている。「自分の将来について具体的な目標を立てること」、「将来の夢に向かって行動すること」などのキャリアプランニング能力に関する指導については、「重点をおいて指導してほしい」割合が低くなっている。しかし、「ある程度指導してほしい」を含めた割合でみると、いずれの項目への期待度も高く、保護者は基礎的・汎用的能力全般の向上を期待していると言える。保護者の幅広い期待に応え得るキャリア教育の取組の一層の充実が求められる。

E　卒業者調査

中学校卒業後の進路や将来の生き方を考える上で「役立った」、「少しは役立った」学習や指導として、「様々な教科の日々の授業」が96.6%で最も高く、次いで「部活動などの課外活動」92.0%、「卒業後の進路について相談」89.0%、「職場での体験活動」87.7%と続いている。卒業生が中学校での学習や指導を振り返った時、役立った学習や指導として最も日常的な教育活動を上位に挙げていることは、キャリア教育が学校の教育活動全体を通して育むべきものであることを端的に示していると考える。

一方で、職場体験活動を経験した感想では、87.4%が「有意義だった」と回答しており、「もっと実施してほしかった」、「体験しなかったが、実施してほしかった」体験活動としても「職場での体験活動」が筆頭に挙げられた。職場体験活動は、今後も継続して充実を図る必要がある。

F　調査票間の比較－保護者の期待に焦点を当てて－

担任調査において、「困ったり悩んだりしていること」として、「保護者の期待が進路先の選択や合格の可能性に偏っている」が33.3%と上位に挙げられた（表1）。保護者の期待の中心が卒業直後の進路選択にあるとすれば、将来の社会的自立・職業自立の基盤となる資質・能力・態度を育てることを目指したキャリア教育を進める上で、担任にとって大きな障壁となるであろう。

一方、保護者調査において「キャリア教育や進路指導において、どのような学習内容を期待していますか」に対する回答を見ると、「学ぶことや働くことの意義」が最も多く、「希望する高等学校などに合格するための学力の向上」、「適切な進路選択の考え方や方法についての学習」、「社会人や職業人としての常識やマナーに関する学習」がそれに続き、「高等学校などの合格可能性を判断するための学習」はこれらを下回っている（表2）。教員との相談場面における話題を問う別の設問（*1）に対して、「合格可能な上級学校など進学先の選択」と回答した保護者の割合は55.8%と高いが、この結果は、相談場面の設定時期やその主たる目的との関係を視野に収めて理解されるべきである。特に今回の調査は、３年生の学級担任を対象として10月～11月に実施したものであることから、調査時において、高等学校などの上級学校の合格可能性をめぐって保護者との面談の機会が多く設定されていたとも考えられよう。保護者が本来的なキャリア教育に高い期待を寄せていることを踏まえた実践が求められる。

【表1】キャリア教育について、あなた自身が困ったり悩んだりしていることをすべて選んでください。[担任調査]（17項目中、選択した割合が高い上位5項目を抜粋）

選択項目		割合
1	キャリア教育を実施する十分な時間が確保できない	35.4%
2	キャリア教育の計画・実施についての評価の仕方がわからない	34.9%
3	**保護者のキャリア教育に対する期待が進路先の選択やその合格可能性に偏っている**	33.3%
4	キャリア教育の適切な教材が得られない	28.8%

5	キャリア教育に関する指導の内容・方法をどのようにしたらよいかわからない	23.1%

【表2】お子さんが通学している中学校でのキャリア教育や進路指導において、どのような学習内容を期待していますか［保護者調査］（「とても期待している」を選択した割合が高い上位10設問を抜粋）

	設問	割合
1	学ぶことや働くことの意義を考えさせる学習	45.4%
2	希望する高等学校などに合格するための学力の向上	42.8%
3	適切な進路選択の考え方や方法についての学習	36.9%
4	社会人や職業人としての常識やマナーに関する学習	36.0%
5	進路に関する情報の入手とその利用の仕方に関する学習	34.1%
6	高等学校など上級学校の入試制度や就職試験の仕組についての学習	31.0%
7	**高等学校などの合格可能性を判断するための学習**	30.6%
8	自分の個性や適性（向き・不向き）を理解するための学習	29.5%
9	高等学校などの上級学校に合格したり企業等に採用されたりするための学習	28.7%
10	将来の生き方や人生設計に関する学習	27.7%

《トピックス》　キャリア教育の充実は学習意欲（学習意欲向上の認識率）を向上させる

新しい学習指導要領に基づくキャリア教育が果たすべき重要な役割の一つに、生徒の学習意欲の向上が挙げられる。この点については、新学習指導要領の改訂の方向性を示した中央教育審議会答申（平成20年１月）は、「子どもたちが将来に不安を感じたり、学校での学習に自分の将来との関係で意義が見出せずに、学習意欲が低下し、学習習慣が確立しないといった状況がみられる」との認識の下で、キャリア教育を通じた学習意欲の向上に強い期待を寄せている。また、文部科学事務次官通知（19文科初第1357号［平成20年３月28日］）も、キャリア教育を通じた学習意欲の向上を「教育課程の基準の改善の基本的な考え方」の一つに位置付けている。とりわけ、圧倒的多数の中学生が高等学校に進学することを視野におさめれば、キャリア教育を通じて学習意欲の向上を図ることへの期待は、中学校段階において特に高いと言えよう。

そこでここでは、①キャリア教育の全般的な実施状況別、②中学校段階のキャリア教育における実質的な中核となっている職場体験活動の日数別、の2つの視点から、学校（管理職）が生徒の学習意欲が向上したと認識しているかどうか、つまり、その認識の有無に違いがみられるかどうかを明らかにしたい。

（1）キャリア教育の実施状況別からみた学習意欲向上の認識率

まず、キャリア教育の実施状況を測る指標として、「学校調査」の問12を利用した。この問では、キャリア教育に関する学習の機会や内容等を記述した20項目について、平成24年度中に生徒を対象とした企画・実施の有無を学年別に尋ねている[*2]。本分析では企画・実施の「有無」に着目し、学年は考慮に入れなかった。手続きとしては、まず20項目について、いずれかの学年で企画・実施されていたら「あり」の回答として「1点」を、「なし」には「0点」を付与し、加算した。その得点の範囲は理論的には「0点～20点」である。そして、できるだけ均等になるようにその得点によって調査対象校を3つに分割し「低群」（5点～11点)、「中群」（12点～13点)、「高群」（14点～20点）とした。

次に、「学校調査」問13では、キャリア教育の現状について尋ねており、全校的な立場から「そのとおりである」と思うものを選択している[*3]。ここでは、学習意欲向上の指標として、項目15「キャリア教育の実践によって、学習全般に対する生徒の意欲が向上してきている」を選択した割合を利用した。なお、学校（管理職）がこの項目を選択した割合を、「学習意欲向上の認識率」と以下表記する。

図1は、3つの群別に学習意欲向上の認識率をみたものである。この図に示されているとおり、低群→中群→高群の順で、学習意欲の認識率が上がっていることは一目瞭然である。したがって、キャリア教育に関する学習や活動の企画・実施が多いほど、学校（管理職）は生徒の学習意欲向上を認識していると

言えよう。

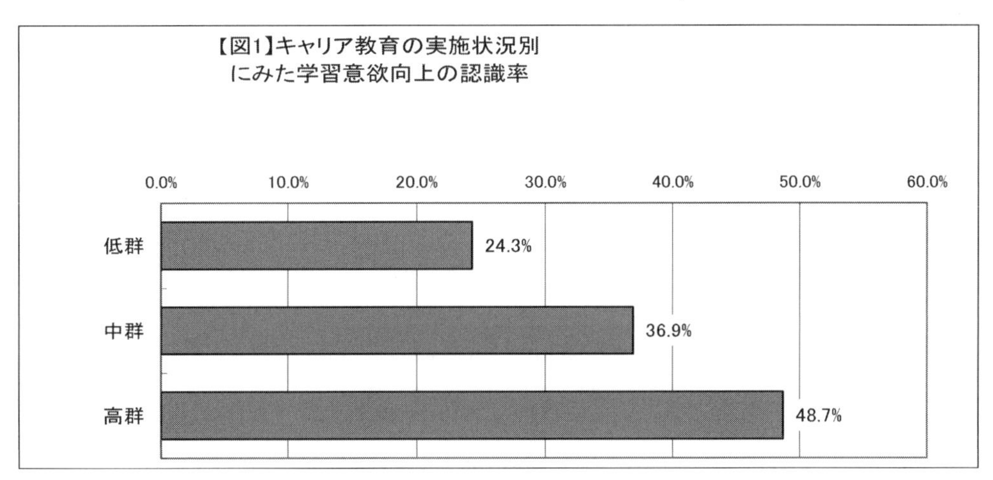

（注） χ^2（2）=20.722、p<.001

（2）職場体験活動の日数別にみた学習意欲向上の認識率

次いで、職場体験活動の日数と学習意欲向上の認識率との関係を分析する。「学校調査」の問５で「職場体験活動」の実施日数を尋ねている。これを職場体験活動の取組状況を測る指標として利用した。なお､約８割の学校では｢第１学年｣および｢第３学年｣では職場体験活動に取り組んでいないが､｢第２学年｣では約９割の中学校がそれに取り組んでいることが判明したため､ここでは｢第２学年」を分析対象とする。

職場体験活動の日数別に学習意欲向上の認識率をみた結果を図2に示す。この図から、職場体験活動に取り組んでいる日数が多いほど、生徒の学習意欲は向上してきていると認識している学校の割合が高いことがわかる｡特に､「１日」よりも「２日」以上、および「４日」よりも「５日」以上の方が、認識率が約10ポイント高いという結果となっている。

さらに､「職場体験活動の日数」を独立変数､「学習意欲向上の認識の有無」を従属変数として、ロジスティック回帰分析を行ったところ､「職場体験活動の日数」の効果は５％水準で有意であった。したがって､「職場体験活動の日数」が「学習意欲向上の認識の有無」に対して影響を与えている可能性が高いということが判明した。

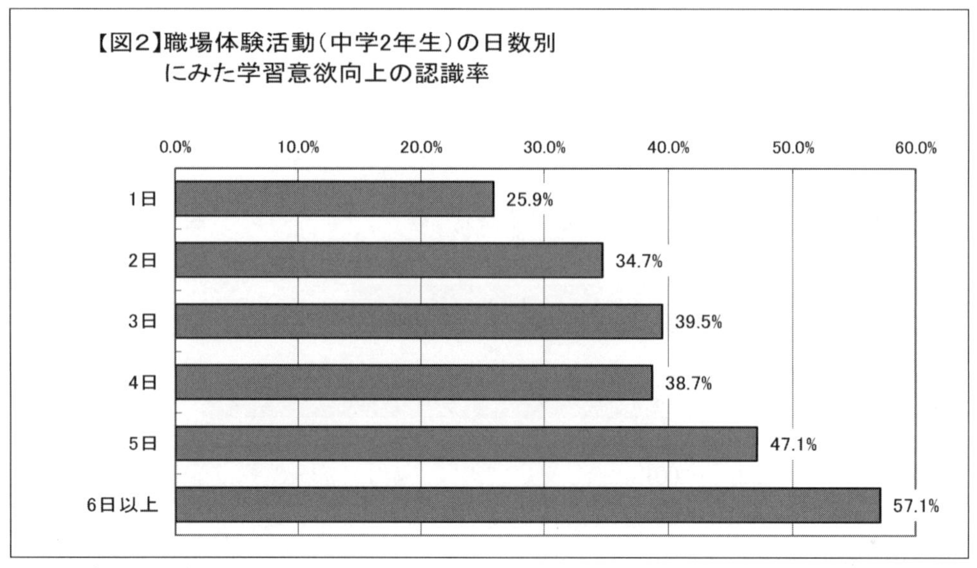

（注） χ^2（5）=7.522, *ns*

以上の分析結果から、①キャリア教育実践の全般的な充実と、②職場体験活動の日数の増加は、ともに生徒の学習意欲を向上させる可能性があることが示唆された。各中学校におけるキャリア教育の更なる充実を強く期待したい。

1　お子さんの進路に関して、中学校の先生と相談したことについておたずねします。中学校の先生と相談した内容について、あてはまるものをすべて選んでください。

(1) お子さんの個性とそれをいかすことができる進路
(2) 合格可能な上級学校（高等学校等）など進学先の選択
(3) 高等学校など上級学校の内容や特色
(4) お子さんに向いている就職先や職業
(5) お子さんの学習意欲や態度の向上
(6) 進学実現のための学習内容や方法
(7) お子さんの生活や保護者としての接し方
(8) 進路希望をめぐるお子さんとの意見の不一致
(9) 上記のようなことに関して特に相談してこなかった

2　貴校が教育課程の中で、生徒を対象に企画・実施しているキャリア教育に関する学習の機会や内容等についておたずねします。平成24年度において、次の（1）～（20）のそれぞれの企画・実施の有無について、実施対象学年欄の1～4［引用者注:1=1年、2=2年、3=3年、4=なし］の中からあてはまるものをすべて選んでください。

(1) 生徒のキャリア発達を意識した各教科の授業
(2) 生徒のキャリア発達を意識した道徳・学級活動の授業
(3) 生徒のキャリア発達を意識した総合的な学習の時間の授業
(4) 将来設計全般に関する学習
(5) 自分を理解する学習（キャリア・カウンセリング、諸検査を含む）
(6) 進路や生き方に関する話し合いやパネルディスカッション
(7) 職場の訪問や見学、職業の調査・研究活動
(8) 事業所（企業・福祉施設・公共施設など）における体験学習（職場見学、職場体験活動、ボランティア活動を含む）
(9) 上記の事業所での体験学習にかかわる事前・事後学習
(10) 高等学校など上級学校への訪問や見学、体験入学、学校説明会
(11) 高等学校など上級学校への訪問や見学、体験入学にかかわる事前・事後指導
(12) 高等学校など上級学校の関係者を招いて行う学校説明会
(13) 保護者による職業についての講話
(14) 卒業生（高校生など）による体験発表会
(15) 社会人による生き方や進路に関する講話・講演
(16) 今後の雇用・就職・就業の動向に関する講話・講演
(17) グローバル化などの社会・経済・産業の構造的変化に関する講話・講演
(18) 就職後の離職・失業など、将来起こり得る人生上の諸リスクへの対応に関する学習

(19)転職希望者や再就職希望者などへの就職支援の仕組に関する学習
(20)男女が対等な構成員として様々な活動に参画できる社会（男女共同参画社会）の重要性に関する学習

3　貴校におけるキャリア教育の現状についておたずねします。全校的な立場から「そのとおりである」と思うものをすべて選んでください。
(1) キャリア教育の計画の作成にあたっては、ガイダンスの機能の充実を図るよう努めている
(2) キャリア教育の諸計画は、計画通り実施されている
(3) キャリア教育に関する担当者を中心とする校務分掌組織が確立され、機能している
(4) 教員はキャリア教育に関して理解し、協力している
(5) 教員はキャリア教育に関する研修などに積極的に参加し、指導力の向上に努めている
(6) 教員は指導案の作成や教材の工夫に努めている
(7) 教員はキャリア教育に関する情報を収集し、活用している
(8) キャリア教育にかかわる体験的学習（職場体験活動や社会人による講話等）を実施している
(9) キャリア教育を実施するための時間は確保されている
(10)キャリア教育のための予算は確保されている
(11)保護者は学校のキャリア教育に関して理解し、協力している
(12)キャリア教育にあたって、社会人などの参画・協力を得ている
(13)キャリア教育の計画の実施について評価を行っている
(14)キャリア教育の実践によって、生徒が自らの生き方を考えるきっかけになり得ている
(15)**キャリア教育の実践によって、学習全般に対する生徒の意欲が向上してきている**
(16)キャリア教育の実践によって、学校や地域の課題解決に向かっている

3. 高等学校

・キャリア教育の全体計画は 7 割、年間指導計画は 8 割の学校で作成されており、計画的な実践の定着が進んでいる。また、ほぼ全ての学校にキャリア教育の担当者が配置されており、在任期間は 2 ～ 3 年目が最も多く 43.0%であった。(→A)
・キャリア教育に関する校内研修に「参加したことがない」担任が約 5 割に及んでおり、教育活動全体を通じた系統的なキャリア教育の実践のため、研修への参加により、すべての担任の理解を深めることが課題である。(→B)
・就業体験の実施は各学年共通して「0日」が最多であり、その充実に向けた担任の意識も低い。一方、保護者や卒業者の期待は高く、今後の充実が課題である。(→A、B、D、E)
・生徒・卒業者ともに、多くが「就職後の離職・失業など、将来起こりうる人生上の諸リスクへの対応」について「もっと指導してほしかった」と回答している。長期的視点から将来を展望した指導の充実が課題である。(→C、E、F)
・学科により「組織体制」や「就業体験などの体験活動の実施状況」に大きな違いがある。総合学科では 21.5%が「キャリア教育のみを担当している」者を配置しているが、他学科では 1 割に満たない。就業体験・社会人講話などの体験的学習の実施については、職業に関する専門学科が95.9%と最も高く、総合学科 81.9%、普通科 74.6%の順であった。とりわけ普通科における体制整備や取組の充実が期待される。(→トピックス)

A 学校調査

ほぼ全ての学校にキャリア教育の担当者が配置されており、在任期間は2～3年目が最も多く43.0%であった。キャリア教育の全体計画は70.4%の学校で作成されており、その内容は「全体目標」81.8%、「身に付けさせたい能力や態度」77.3%と続く。また、年間指導計画は80.4%の学校が作成しており、その内容は「キャリア教育にかかわる体験的な学習」が89.8%と最も高い。多くの学校で全体計画に基づいた体験的な学習が推進されていると推測される。しかし、全体計画において体験的な学習が重視されてはいるものの、年間指導計画における「就業体験(インターンシップ)にあてる時間」は各学年とも「0日」が最も多く、十分な実施時間が確保されているとは言い難い。今後は、学習指導要領の改訂の趣旨等も踏まえつつ、更なるインターンシップの充実が望まれる。

「生徒を対象に企画・実施している学習」では、キャリア発達を意識した「ホームルーム活動」、「総合的な学習の時間」を実施していない学校は約１割であるが、「キャリア発達を意識した各教科の授業」を実施していない学校は２割を超える。また、「職場の訪問や見学、職業の調査・研究活動」をしていない学校も14.4%見られた。教育活動全体を通じた系統的な取組に向けた改善が必要である。さらに、「社会・経済・産業の構造的変化」、「離職・失業など、将来起こり得る人生上の諸リスクへの対応」、「転職希望者や再就職希望者などへの就職支援の仕組」などを生徒に伝えている学校の割合は相対的に低い。卒業直後の進路選択にとどまらず、経済・社会・雇用の仕組等、生徒の将来に広くかかわる指導の充実・改善を図る必要がある。

B　ホームルーム担任調査

「キャリア教育の推進が求められていること」では76.1%の担任が「知っていた」と回答している。しかし、「基礎的・汎用的能力」について、「詳しく知っている」、「ある程度知っている」は合わせて27.2%にとどまり、「聞いたことがない」が35.0%見られた。一方、キャリア教育に関する資料や情報を「読んだことがない」は34.7%、校内研修に「参加したことがない」は47.9%であることから、情報提供や研修の機会の拡充等、キャリア教育の理解への深まりに向けた取組が急務である。

また、キャリア教育の計画・実施の現状では、「就業体験活動などの体験活動」に取り組んでいるとした回答は58.1%にとどまり、「キャリア教育を適切に行っていく上で今後重要になること」で、「就業体験活動など、体験的な学習の充実」を「とても重要」とした回答も46.3%と低かった。体験的な活動の意義や、その効果的な活用についての理解を深めるとともに、その充実に向けた改善が望まれる。

C　生徒調査

高等学校卒業後の進路は、「進学希望」73.8%、「就職希望」25.2%である。進学を希望するにあたっての悩みとして挙げられたのは、「希望する学校に合格できる自信がない」が47.0%、「進学するとお金がかかる」が44.1%である。特に「進学するとお金がかかる」は、前回調査より18.5ポイント上昇している。近年の停滞した経済の影響が強く見られる。一方、将来の職業や進路については、96.2%が「将来何かの職業や仕事に就いて働きたい」と考えており、83.7%が「就きたい職業や仕事が決まっている」と答えている。これまで強く懸念されてきたフリーター志向は見受けられない。

「将来の生き方や進路について考えるため、指導してほしかったこと」では、「自分の個性や適性を考える学習」を挙げた回答が29.9%で最も高く、次いで「社会人・職業人としての常識やマナー」が26.5%、「就職後の離職・失業など、将来起こり得る人生上の諸リスクへの対応」が23.1%となっている。生徒が求める指導が、卒業直後の進路選択に偏ることなく、社会人・職業人として望まれる行動や、経済・社会・雇用とのかかわり等、中・長期的視点から将来を展望した上での期待が強い点は注目すべきであろう。これらの期待に応え得る指導の充実・改善を図る必要がある。

D　保護者調査

キャリア教育の名称を、「聞いたことがない」保護者は65.3%を占めるが、87.5%の家庭で将来の生き方や進路について話し合っており、特に「進学先や就職先などの進路情報」については79.9%が話題にしている。キャリア教育への認知度は高くないが、子どもの進路や将来についての関心は強い。また、就業体験を「有意義な学習だと思う」保護者が78.5%いるのに対して、学校での実践については、「就業体験はすでに行った」42.9%、「実施されておらず、今後も予定がない」28.8%、「有無についてよく分からない」26.2%という結果となった。就業体験の充実と共に、学校におけるキャリア教育の実践に関する保護者への情報発信の在り方の改善が急務であろう。

「学校における授業や生活で指導してほしいこと」については、「周囲の人と力を合わせて力を合わせて行動すること」、「自分の考えや気持ちを整理して伝えること」など、基礎的・汎用的能力の中でも人間関係形成に関する項目を「重点をおいて指導してほしい」と考えている保護者が多く見られた。しかし、「ある程度指導してほしい」を含めた割合では、基礎的・汎用的能力の育成に関連する項目間の差異は小さく、偏りはほとんど見られない。保護者の幅広い期待に応え得る取組の充実が求められる。

E　卒業者調査

高校生の時、就業体験を経験した割合は40.9%である。「高等学校卒業後の進路や将来の生き方を考える上で役立った学習」で就業体験を「役立った」とした生徒が25.7%と低いのは、その経験率自体の低さが要因の一つであると推測される。一方、就業体験活動を経験した感想では、「有意義な学習だと思う」が82.0%と高く、「将来の生き方や進路について考えるため、実施してほしかった体験活動」として「就業体験」を挙げる回答は41.4%と最も高かった。就業体験の実施において、生徒の期待に応えきれていない高等学校の現状がここに示されていると言えよう。

また、学校や職場などで問題が起きた時の解決方法として、「相談機関や公的機関を知っているので活用する」と回答した卒業者の割合は11.5%と極めて低い。このような相談機関について「高校生の時、情報提供を受けたもの」を列挙することを求めた問に対しては、「情報提供について覚えていない」とした回答が45.8%と最も高く、「情報提供はなかった」との回答も16.8%見られた。卒業後の生活における様々な状況への対応方策等、長期的展望に立った指導は不十分なままにとどまっていると言えよう。

F　調査票間の比較－卒業後の生活におけるリスク等の扱いに焦点を当てて－

学校調査において、「就職後の離職・転職など、人生上の諸リスクへの対応に関する学習」を「生徒を対象に企画・実施している」とした回答は、１年

16.4%、2年18.2%、3年44.9%であり、全学年において実施していないとする回答がほぼ半数を占めている（表１）。

一方、生徒調査及び卒業者調査における「自分の将来の生き方や進路について考えるため、どのようなことを指導してほしかったですか」という問いに対しては、生徒の23.1%、卒業者の26.1%が「人生上の諸リスクへの対応」を挙げており、生徒・卒業生ともに期待度は比較的高いと言える（表２、表３）。

学校から社会への移行とその後の社会生活・職業生活の具体的展望を見据えたキャリア教育が特に必要となる高等学校においては、卒業直後の進路選択のみに偏ることなく、離職・失業等までを包含した長期的な視野に基づく指導の充実が望まれる。

【表1】生徒を対象に企画・実施しているキャリア教育に関する学習の有無について、実施学年の中からあてはまるものをすべて選んでください［学校調査］

設問	実施学年	割合
就職後の離職・転職など、人生上の諸リスクへの対応に関する学習	１年	16.4%
	２年	18.2%
	３年	44.9%
	なし	49.3%

【表2】自分の将来の生き方や進路について考えるため、ホームルーム活動の時間などで、どのようなことを指導してほしかったですか［生徒調査］（17項目中、選択した割合が高い上位10項目を抜粋）

選択項目		割合
1	自分の個性や適性（向き・不向き）を考える学習	29.9%
2	社会人・職業人としての常識やマナー	26.5%
3	**就職後の離職・失業など、将来起こり得る人生上の諸リスクへの対応**	23.1%
4	卒業後の進路（進学や就職）選択の考え方や方法	19.7%
5	上級学校（大学、短期大学、専門学校等）の教育内容や特色	18.2%

6	近年の若者の雇用・就職・就業の動向	17.1%
7	学ぶことや働くことの意義や目的	16.7%
8	産業や職業の種類や内容	15.7%
9	転職希望者や再就職希望者などへの就職支援の仕組	15.0%
10	将来の職業選択や役割などの生き方や人生設計	14.7%

【表3】（質問内容は、生徒調査と同じ）［卒業者調査］

	選択項目	割合
1	社会人・職業人としての常識やマナー	40.1%
2	自分の個性や適性（向き・不向き）を考える学習	39.3%
3	卒業後の進路（進学や就職）選択の考え方や方法	32.0%
4	上級学校（大学、短期大学、専門学校等）の教育内容や特色	27.9%
5	産業や職業の種類や内容	26.8%
6	**就職後の離職・失業など、将来起こり得る人生上の諸リスクへの対応**	26.1%
7	将来の職業選択や役割などの生き方や人生設計	24.3%
8	卒業後の進路（進学や就職）に関する情報の入手方法とその利用の仕方	21.7%
9	学ぶことや働くことの意義や目的	21.2%
10	卒業後の進路（進学や就職）についての相談の方法や内容	18.6%

《トピックス》　学科によるキャリア教育への取組状況に大きな違いが生じている

高等学校、とりわけ普通科におけるキャリア教育の在り方が問われ、具体的な検討が進められているが、学科によりキャリア教育への取組はどのように異なっているのだろうか。ここでは、学校調査の結果に基づき、学科による「組織体制」、「校内研修・研修会派遣状況」、「職業や就労、キャリア教育にかかわる体験活動の計画・実施状況」の違いをみていきたい。

（1）組織体制

図1は、キャリア教育の企画や全体計画の作成を中心となって進める担当者の校務分掌について、学科（普通科・職業に関する専門学科（農業・工業・商業・水産・家庭・看護・情報・福祉などに関する学科）・総合学科）別に示したものである。

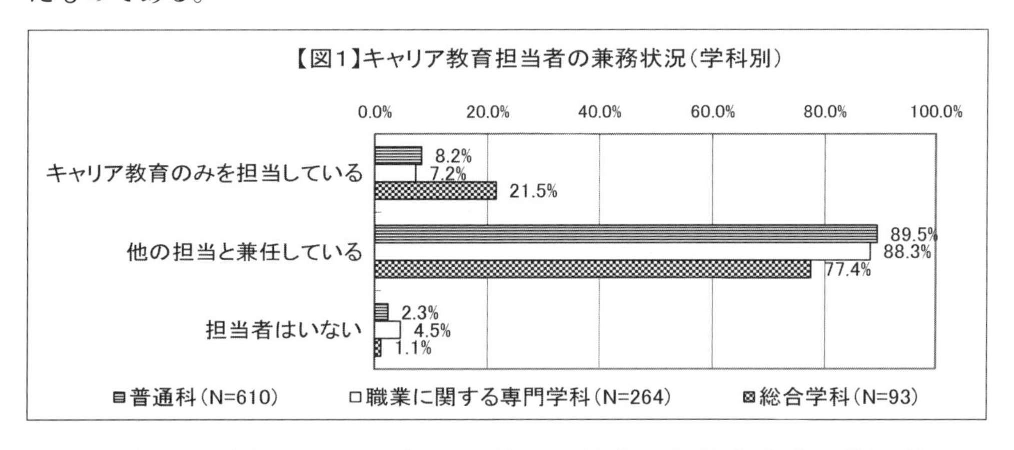

「他の担当と兼任している」がいずれの学科でも最も高く、普通科では89.5%、職業に関する専門学科では88.5%とおよそ9割を占めている。一方、「キャリア教育のみを担当している」は総合学科では21.5%であり、1割に満たない他学科より明らかに高い。なお「担当者はいない」はいずれの学科でも5%に満たない。

その校務分掌組織上の構成を学科別に示したものが図2である。

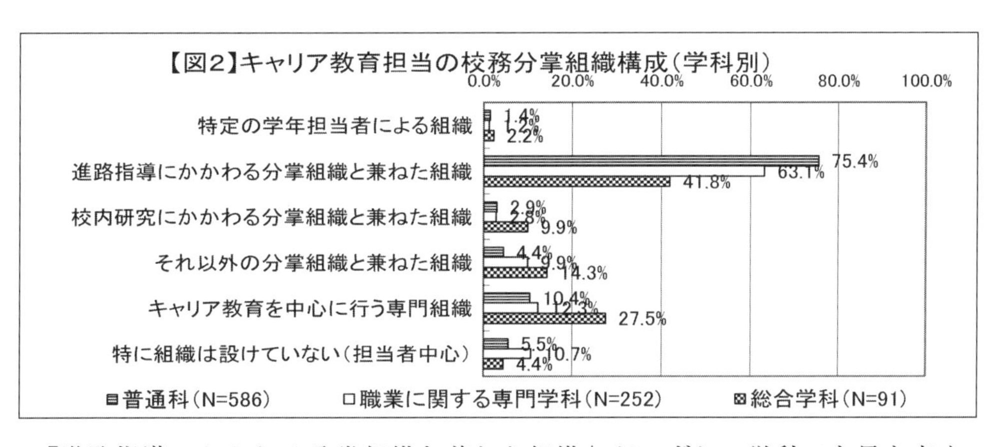

「進路指導にかかわる分掌組織と兼ねた組織」がいずれの学科でも最も高く、

普通科では75.4%、職業に関する専門学科では63.1%に及んでいる。一方、「キャリア教育を中心に行う専門組織」や「校内研究にかかわる分掌組織と兼ねた組織」は総合学科ではそれぞれ27.5%、9.9%であり、他学科よりも明らかに高い。「特に組織は設けていない（担当者中心）」は職業に関する専門学科では10.7%であり、他学科より高い。

（2）校内研修・研修会派遣状況

図3は、校内で実施した（予定含む）研修を学科別に示したものである。

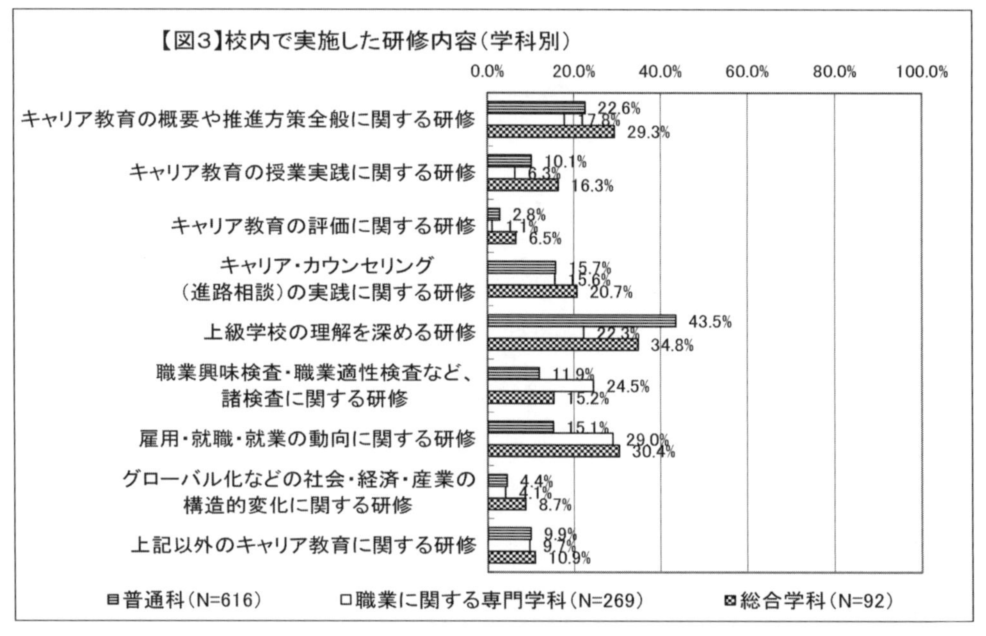

【図3】校内で実施した研修内容（学科別）

学科により異なる傾向がみられ、普通科では「上級学校の理解を深める研修」が43.5%に達しており他学科と比べても高いほか、「キャリア教育の概要や推進方策全般に関する研修」が22.6%と高い。職業に関する専門学科では、「雇用・就職・就業の動向に関する研修」が29.0%であり総合学科と同程度に高いほか、「職業興味検査・職業適性検査など、諸検査に関する研修」や「上級学校の理解を深める研修」が２割を超えている（それぞれ24.5%、22.3%）。総合学科では、「上級学校の理解を深める研修」や「雇用・就職・就業の動向に関する研修」が３割を超えるほか（それぞれ34.8%、30.4%）、「キャリア教育の概要や推進方策全般に関する研修」、「キャリア教育の授業実践に関する研修」、「キャリア教育の評価に関する研修」、「キャリア・カウンセリング（進路相談）の実践に関する研修」などが他学科よりも高い。

上記にかかわる研修会などへの派遣状況を学科別に示したものが図４である。

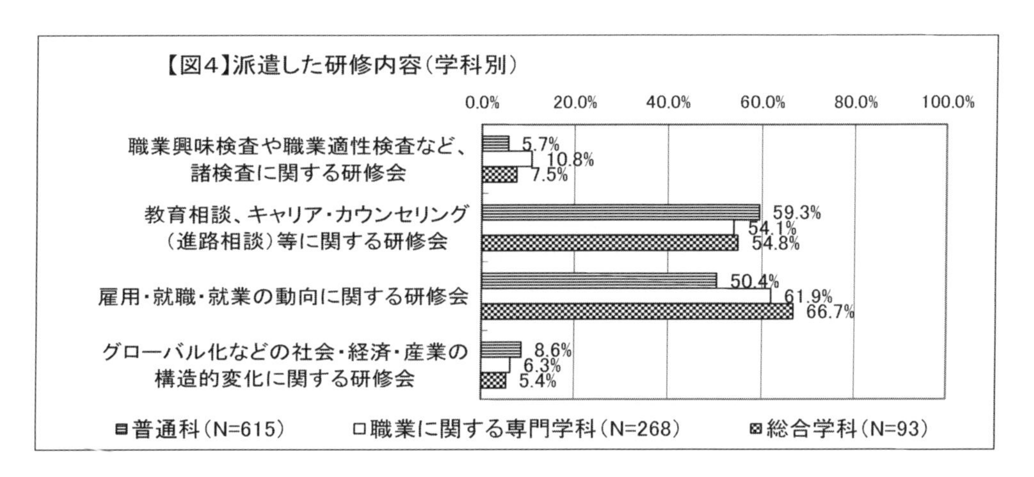

「教育相談、キャリア・カウンセリング（進路相談）等に関する研修会」や「雇用・就職・就業の動向に関する研修会」はいずれの学科でも５割を超えている。ただし、前者はいずれの学科でも５割台後半でほぼ同程度であるのに対し、後者は総合学科66.7%、職業に関する専門学科61.9%、普通科50.4%と学科による違いがみられた。

（3）職業や就労、キャリア教育にかかわる体験活動の計画・実施状況

図５は、「就業体験（インターンシップ）や社会人の講話など、職業や就労にかかわる体験活動を充実させること」を平成24年度のキャリア教育の計画を立てる上で重視したかについて、学科別に示したものである。

体験活動を重視した学校は、職業に関する専門学科や総合学科ではおよそ9割に達している（それぞれ89.9%、87.0%）。一方、普通科では68.3%にとどまっており、他学科と比べると明らかに低い。

図６は、「就業体験（インターンシップ）や社会人の講話など、キャリア教育にかかわる体験的学習を実施している」を全校的な立場から「そのとおりで

ある」と思うかについて、学科別に示したものである。

体験的活動を実施していると思う学校は、職業に関する専門学科が95.9%と最も高く、次いで総合学科81.9%、普通科74.6%の順となった。

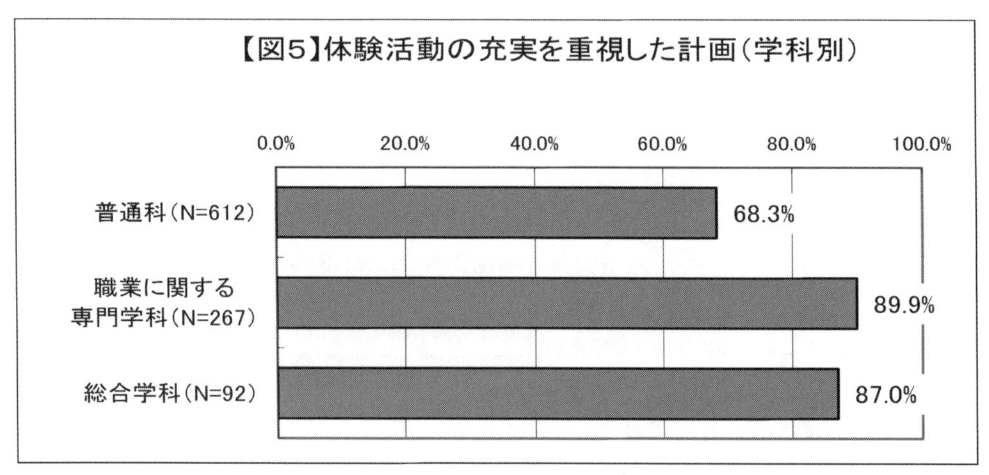

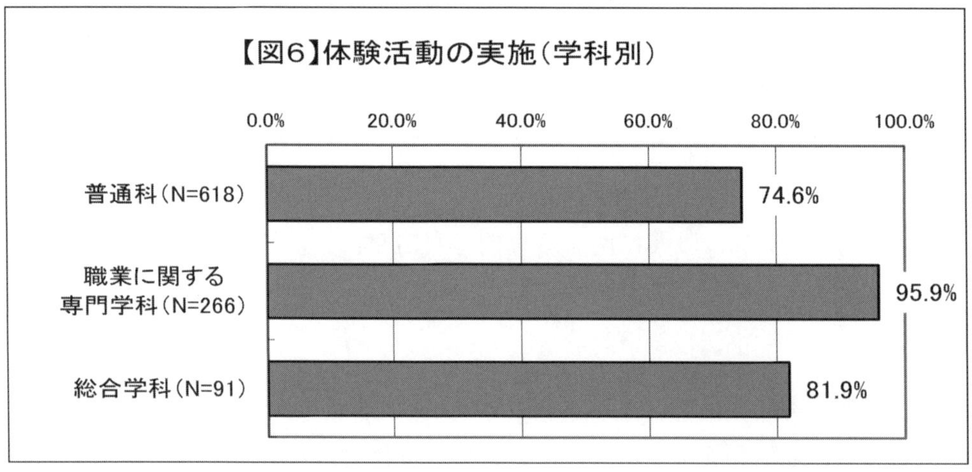

以上のことから、高等学校では、進路指導にかかわる分掌組織でキャリア教育に取り組むことが一般的であるが、総合学科ではキャリア教育を専門的に研究対象として扱う体制をとるケースも少なくないことがわかる。学科による組織体制の違いは、校内研修の内容や体験活動の計画・実施にも影響している。どの学科に入学したかによって受けるキャリア教育が異なることで、生徒のキャリア発達の支援状況に差が生ずることが懸念される。とりわけ普通科における体制整備や取組の充実は喫緊の課題と言えよう。

4．小学校・中学校・高等学校の校種間比較

・キャリア教育の推進について、担任の認識は前回調査（中35.0%、高40.0%）と比べ大幅に向上し、小・中・高とも「知っていた」と回答した担任は97%を超えている。しかし、いずれの学校種においても保護者の認識は低く、各学校でのキャリア教育実践の更なる充実とともに保護者への積極的な情報提供が課題である。（→（1））
・ほとんどの中・高がキャリア教育の担当者を配置しており、小でも配置率は8割を超えている。一方、キャリア教育のみを担当している者は、小・中で5%以下、高で約1割にとどまっており、他の担当と兼任している場合がほとんどである。（→（2））
・多くの中・高がキャリア教育の指導計画を作成しているが、小での作成率は相対的に低い。小・中・高ともに、育てたい力の具体化、教育活動全体を通した系統的な実践、キャリア教育の評価等については課題を残しており、指導計画の改善・充実を図る必要がある。（→（2））
・中・高の保護者・卒業者ともに、職場体験活動・就業体験の効果を高く評価している。とりわけ高等学校における就業体験の充実は喫緊の課題である（→（3））
・小・中・高ともに、基礎的・汎用的能力のうち「課題対応能力」の向上を促す実践に弱さを残しているが、保護者は「課題対応能力」を含め幅広い能力の向上を期待している。（→（4））
・学校、担任ともキャリア教育の評価をあまり重視していない。キャリア教育の効果を検証し、その結果を踏まえて、取組の改善を図るためにも、評価の実施は重要な課題である。（→（5））
・全ての学校種に共通して、充実したキャリア教育の計画を作成し、それらを適切に実践していくことが、児童生徒の学習意欲を向上させる可能性が強く示唆された。（→トピックス）

（1）キャリア教育の推進に関する認識

キャリア教育の推進に関する担任調査をみると、小学校・中学校・高等学校ともに、キャリア教育の推進が求められていることを「知っていた」教員が76%を超えている。

「何となく知っていた」まで含めると、どの校種においても97%を超えてい

る（表1）。前回調査（平成17年）では、中学校35.0%、高等学校40.0%にとどまっていたことと比較すると、キャリア教育の推進についての認識が着実に進んでいる様子がうかがえる（表2）。今後の各校種における計画の立案、実践、評価など、取組の質的深化が期待される。

一方、保護者調査では、「キャリア教育」という言葉を知っているかの問いに、「聞いたことがある」と答えた保護者は、いずれの校種においても20～30%台にとどまっている（表3）。各学校におけるキャリア教育の一層の充実とともに、保護者に対する積極的な情報の提供や共通理解の促進のための工夫が必要である。

【表1】キャリア教育の推進が求められていることについてご存知でしたか［担任調査］

		小学校	中学校	高等学校
1	知っていた	76.9%	76.8%	76.1%
2	何となく知っていた	20.1%	21.4%	21.3%
3	知らなかった	3.0%	1.8%	2.6%

【表2】キャリア教育の推進が求められていることについてご存知でしたか［《前回調査》担任調査］

		小学校	中学校	高等学校
1	はい		35.0%	40.0%
2	いいえ		65.0%	60.0%

【表3】「キャリア教育」という言葉を聞いたことがありますか［保護者調査］

		小学校	中学校	高等学校
1	聞いたことがある	26.4%	30.0%	34.7%
2	聞いたことがない	73.6%	70.0%	65.3%

（2）キャリア教育の組織と計画

①組織

キャリア教育を進める校務分掌上の担当者の状況を見てみると、中学校では

「キャリア教育のみを担当」「他の担当と兼任」の２つの合計が98.0%であり、ほとんどの学校に置かれていることがわかる。高等学校でも同様に97.2%と高い。今回初めて調査を行った小学校においても合計83.9%と、担当者を置いている学校が多いことがわかった。しかし、キャリア教育のみを担当している割合は、小学校で1.5%、中学校で4.6%、高等学校で9.1%にとどまっている（表４）。また、その在任期間は、小学校・中学校ともに、「１年目」が約40%を占めており、系統的・体系的な実践の拡充に向けて、在任期間の複数年化などの改善努力が望まれる（表５）。

【表4】キャリア教育の企画や全体計画等の作成を中心となって進める担当者の方は、校務分掌上、次のいずれに該当しますか［学校調査］

		小学校	中学校	高等学校
1	キャリア教育のみを担当している	1.5%	4.6%	9.1%
2	他の担当と兼任している	82.4%	93.4%	88.1%
3	担当者はいない	16.1%	2.0%	2.8%

【表5】キャリア教育にかかわる担当者の現任校における当該担当者としての在任期間について、あてはまるものを1つ選んでください［学校調査］

		小学校	中学校	高等学校
1	１年目	41.9%	41.5%	23.0%
2	２年目～３年目	34.6%	34.0%	43.0%
3	４年目～５年目	14.6%	14.5%	17.1%
4	６年目以上	8.9%	10.0%	16.9%

②計画

キャリア教育に取り組む上で不可欠な諸計画の作成状況を見てみると、小学校では、「全体計画がある」とした学校は63.4%（表６）、「年間指導計画がある」とした学校は46.7%にとどまっており（表８）、中学校・高等学校と比較して明らかに低い。キャリア教育の推進に関する認知が進む一方で、それが計画の立案など具体的な取組に結びついていない様子がうかがえる。しかし、「全体計画がある」とした小学校では、「児童生徒の実態」「保護者や地域の実態・願い」「教師の願い」「学校課題や重点目標」「キャリア教育の全体目標」を具体的に記している割合が、いずれも中学校・高等学校を上回っている（表７）。また、「年間指導計画がある」とした小学校では、「道徳におけるキャリア教育」「総合的な学習の時間におけるキャリア教育」「各教科におけるキャリア教育」の内容を含む割合が他校種よりも高い（表９）。計画を立案した小学校では、他校種よりもむしろ丁寧な取組が進められる可能性がある。

一方、小学校においては、「キャリア教育の現状について、全校的な立場から『そのとおりである』と思うもの」のほとんどの項目について、肯定的な回答の割合が中学校・高等学校より少ない。キャリア教育の目的や意義、取組方法について、一層の理解を求めていく必要がある（表11）。

中学校・高等学校では、「全体計画がある」とした学校は、それぞれ81.3%、70.4%（表６）、「年間指導計画がある」とした学校は76.7%、80.4%といずれも高い（表８）。

「全体計画がある」とした学校に、具体的な内容を問うと、「各学年の重点目標が記されている」とした学校は、それぞれ85.0%、75.0%と高いにもかかわらず（表７）、年間指導計画の内容に「各教科におけるキャリア教育」が含まれるとした学校は、それぞれ32%程度と低くなる。一方で、「キャリア教育にかかわる体験的な学習」が含まれているとした学校は、それぞれ87.4%、89.8%と高いことは特筆に値しよう（表９）。現在、中学校・高等学校においては、体験的活動に重点が置かれる傾向が見られるが、今後は教育活動全体を通したキャリア教育の実践へと転換していく必要がある。

また、小学校・中学校・高等学校に共通して、「キャリア教育の計画を立てる上で重視したことがら」では、「児童生徒が、学年末や卒業時までに『○○ができるようになる』など、具体的な目標を立てること」や「キャリア教育で育てる力と基礎的・汎用的能力との関連を整理すること」「取組の改善につながる評価を実施すること」が十分になされていない状況が示された（表10）。

今後の改善が期待される。

【表6】貴校には、キャリア教育の全体計画はありますか［学校調査］

		小学校	中学校	高等学校
1	計画がある	63.4%	81.3%	70.4%
2	計画はない	36.6%	18.7%	29.6%

【表7】全体計画には、以下の内容が具体的に記されていますか［学校調査］

	小学校	中学校	高等学校
児童生徒の実態	60.2%	54.0%	45.6%
保護者や地域の実態・願い	50.2%	43.5%	29.1%
教師の願い	49.1%	42.5%	32.7%
学校課題や重点目標	80.0%	75.0%	75.8%
キャリア教育の全体目標	92.0%	86.8%	81.8%
各学年の重点目標	79.5%	85.0%	75.0%
学校全体で身に付けさせたい能力や態度（基礎的・汎用的能力との関係）	77.3%	73.3%	77.3%
各学年で身に付けさせたい力（基礎的・汎用的能力との関係）	66.7%	61.0%	65.3%
キャリア教育の成果に関する評価計画（キャリア教育アンケートやポートフォリオ等）	8.2%	11.5%	20.7%
上記に該当するものはない	0.2%	0.3%	0.9%

【表8】貴校には、キャリア教育の年間指導計画はありますか［学校調査］

		小学校	中学校	高等学校
1	計画がある	46.7%	76.7%	80.4%
2	計画はない	53.3%	23.3%	19.6%

【表9】年間指導計画には、以下の内容が含まれていますか［学校調査］

	小学校	中学校	高等学校
学級活動・ホームルーム活動におけるキャリア教育	80.2%	83.2%	79.8%
道徳におけるキャリア教育	65.4%	46.8%	－
総合的な学習の時間におけるキャリア教育	92.3%	89.8%	82.9%
各教科におけるキャリア教育	72.2%	32.4%	32.0%
キャリア・カウンセリング（進路相談）（全児童生徒を対象にした進学や就職等に関する相談）	5.7%	55.9%	61.6%
キャリア教育にかかわる体験的な学習	74.9%	87.4%	89.8%
上記に該当するものはない	0.0%	0.0%	0.0%

【表10】貴校が平成24年度のキャリア教育の計画を立てる上で、重視したことがらはどれですか［学校調査］

	小学校	中学校	高等学校
児童生徒の実態や学校の特色、地域の実態を把握し計画に反映させること	59.5%	65.9%	74.0%
児童生徒が、学年末や卒業時までに「○○ができるようになる」など、具体的な目標を立てること	24.2%	27.5%	30.3%
発達の段階に応じたキャリア教育の実践が行われるようにすること	58.6%	68.1%	51.4%
貴校のキャリア教育で育てる力と基礎的・汎用的能力との関連を整理すること	25.9%	27.7%	28.1%
様々な教科や領域・行事等、教育課程全体を通したキャリア教育が行われるようにすること	62.3%	53.1%	49.9%
現在の学びと将来の進路との関連を生徒に意識づけること	31.8%	62.6%	72.3%
取組の改善につながる評価を実施すること	7.4%	13.7%	16.6%
社会人による講話など、職業や就労にかかわる体験活動を充実させること	38.8%	89.3%	75.8%

上級学校にかかわる体験活動を取り入れること	31.4%	75.2%	71.6%
体験活動において、事前指導・事後指導を重視すること	26.1%	86.5%	54.6%
保護者や地域、外部団体との連携を図ること	40.4%	56.4%	52.5%
個人資料に基づき生徒理解を深めることや生徒に正しい自己理解を得させること	—	33.7%	43.0%
生徒に進路に関する情報を得させる活動を取り入れること	—	60.0%	68.3%
キャリア・カウンセリング（進路相談）を取り入れること	2.2%	49.9%	48.1%
具体的な進路（就職先や進学先等）の選択や決定に関する指導・援助を行うこと	—	67.9%	81.1%
卒業生への追指導を行うこと	—	5.9%	11.8%
上記に該当するものはない	0.5%	0.0%	0.0%
本校ではキャリア教育に関する計画がないので、回答できない	13.9%	2.6%	2.9%

【表11】貴校におけるキャリア教育の現状について、全校的な立場から「そのとおりである」と思うものをすべて選んでください［学校調査］

	小学校	中学校	高等学校
キャリア教育の計画の作成にあたっては、ガイダンスの機能の充実を図るよう工夫している	—	48.9%	61.1%
キャリア教育の諸計画は、計画通り実施されている	39.9%	56.3%	59.9%
キャリア教育に関する担当者を中心とする校務分掌組織が確立され、機能している	24.1%	48.7%	51.5%
教員はキャリア教育に関して理解し、協力している	44.8%	63.1%	62.4%
教員はキャリア教育に関する研修などに積極的に参加し、指導力の向上に努めている	16.3%	20.2%	27.8%

教員は指導案の作成や教材の工夫に努めている	23.2%	28.1%	29.3%
教員はキャリア教育に関する情報を収集し、活用している	23.5%	43.9%	45.3%
社会人による講話など、キャリア教育にかかわる体験的学習を実施している	83.4%	97.8%	81.5%
キャリア教育を実施するための時間は確保されている	44.2%	73.5%	64.5%
キャリア教育のための予算は確保されている	14.5%	36.5%	34.2%
保護者は学校のキャリア教育に関して理解し、協力している	25.8%	53.7%	44.3%
キャリア教育にあたって、社会人などの参画・協力を得ている	43.5%	57.5%	63.3%
キャリア教育の計画の実施について評価を行っている	17.9%	37.7%	33.1%
キャリア教育の実践によって、児童生徒が自らの生き方を考えるきっかけになり得ている	55.7%	79.2%	76.1%
キャリア教育の実践によって、学習全般に対する生徒の意欲が向上してきている	24.2%	37.3%	48.6%
キャリア教育の実践によって、学校や地域の課題解決に向かっている	12.3%	20.2%	22.9%
上記に該当するものはない	5.8%	0.4%	0.6%

(3) 職場体験活動と就業体験（インターンシップ）の実態と評価

小学校については、「(2) キャリア教育の組織と計画」で示した学校調査「キャリア教育の計画を立てる上で、重視したことがら（表10）」において、「社会人による講話など、職業や就労にかかわる体験活動を充実させること」「上級学校にかかわる体験活動を取り入れること」「体験活動において、事前指導・事後指導を重視すること」など、体験的な活動にかかわる項目についての割合が、中学校・高等学校と比較して著しく低い。小学校においては、これまで取り組んできた様々な体験活動をキャリア教育の視点から捉え直し、それらをキャリア教育の指導計画に位置づけることに加え、それぞれの学校における児童の実態に即しつつ、キャリア教育に関する体験的な活動の充実を図る工夫が求められる。

次に、中学校･高等学校について、職場体験活動や就業体験（インターンシップ）に関する項目を抜出し詳細に比較する。

「職場体験・就業体験（インターンシップ）にあてる時間」は、中学校・高等学校ともに、第１学年・第３学年では、「０日」が70～80%を占めている。取組の中心である第２学年を見てみると、「２日」以上の中学校は78.5%であるのに対して、高等学校では51.8%と低い（表12）。学校調査における「キャリア教育を適切に行う上で、今後重要になると思うこと」では、「キャリア教育にかかわる体験活動を実施すること」に、「とても重要だと思う」と回答した割合は、中学校72.9%に対して、高等学校は46.2%にとどまっている。また、「体験的活動では、事前指導･事後指導を重視すること」に、「とても重要だと思う」と回答した割合は、中学校74.3%に対して、高等学校では53.8%にとどまった（表13）。中学校と比較すると、高等学校の体験的な活動の実施状況及びその拡充に向けた意識は低い。担任調査における「キャリア教育を適切に行う上で、今後重要になると思うこと」での、「社会人の講話など、キャリア教育にかかわる体験的な学習の充実」「社会人による講話など、キャリア教育にかかわる体験的学習の事前・事後指導の充実」でも同様の傾向が見られる（表14）。

生徒調査において、「自分の将来の生き方や進路を考える上で役立ったもの」として、職場での体験活動・就業体験（インターンシップ）が「役に立った」「少しは役に立った」と回答した生徒は、中学校では合計88.6%と高いが、高等学校では合計78.8%と若干低い（表15）。一方、卒業者調査において、「職場体験･就業体験（インターンシップ）を経験して、どんな感想を持ちましたか」という質問に、「有意義な学習だと思う」と回答した者は、中学校では87.4%、高等学校でも82.0%といずれも高い（表17）。また、高校在学中に実施してほしかった体験活動を問う設問に対して、最も多くの卒業者（41.4%）が職場体験・就業体験（インターンシップ）を挙げていることからも（表18）、これらの体験活動は生徒にとって大きな意味をもつ学習であると言える。また、保護者調査において、「学校で職業に関する学習、職場体験・就業体験を経験することについて、どう思いますか」という質問に、中学校では90.3%が「有意義な学習だと思う」と回答している。高等学校では78.5%にとどまっているが、就業体験（インターンシップ）の実施率自体が中学校より低いことを踏まえれば、高校生の保護者の期待度も高いと言えよう（表16）。

これらのことから、高等学校における就業体験（インターンシップ）の充実は喫緊の課題であると言える。

【表12】「職場体験・就業体験（インターンシップ）」にあてる時間は、平成24年度の年間指導計画にどのくらい位置づけられていますか［学校調査］

第 1 学年	中学校	高等学校
0 日	80.5%	71.0%

<table>
<tr><th>第2学年</th><th>中学校</th><th>高等学校</th></tr>
<tr><td>0日</td><td>10.5%</td><td>39.2%</td></tr>
<tr><td>1日</td><td>10.9%</td><td>9.0%</td></tr>
<tr><td>2日</td><td>24.4%</td><td rowspan="2">36.9%</td></tr>
<tr><td>3日</td><td>32.7%</td></tr>
<tr><td>4日</td><td>6.3%</td><td rowspan="2">11.8%</td></tr>
<tr><td>5日</td><td>13.7%</td></tr>
<tr><td>6 ～ 10日</td><td rowspan="3">1.4%</td><td>1.7%</td></tr>
<tr><td>11 ～ 29日</td><td>1.1%</td></tr>
<tr><td>30日以上</td><td>0.3%</td></tr>
</table>

第3学年	中学校	高等学校
0日	79.8%	76.5%

【表13】貴校がキャリア教育を適切に行っていく上で、今後どのようなことが重要になると思いますか［学校調査］

キャリア教育にかかわる体験活動を実施すること		小学校	中学校	高等学校
1	とても重要だと思う	51.6%	72.9%	46.2%
2	ある程度重要だと思う	46.1%	25.9%	46.8%
3	あまり重要だとは思わない	2.3%	1.2%	6.6%
4	重要だとは思わない	0.0%	0.0%	0.4%

体験的活動では、事前指導・事後指導を重視すること		小学校	中学校	高等学校
1	とても重要だと思う	47.6%	74.3%	53.8%
2	ある程度重要だと思う	48.3%	24.3%	40.0%
3	あまり重要だとは思わない	4.0%	1.4%	5.4%
4	重要だとは思わない	0.0%	0.0%	0.8%

【表14】キャリア教育を適切に行っていく上で、今後どのようなことが重要になると思いますか［担任調査］

社会人による講話など、キャリア教育にかかわる体験的な学習の充実		小学校	中学校	高等学校
1	とても重要だと思う	54.9%	62.5%	46.3%
2	ある程度重要だと思う	41.0%	34.4%	45.4%
3	あまり重要だとは思わない	3.4%	3.0%	7.2%
4	重要だとは思わない	0.7%	0.1%	1.1%

社会人による講話など、キャリア教育にかかわる体験的学習の事前・事後指導の充実		小学校	中学校	高等学校
1	とても重要だと思う	49.0%	60.6%	41.4%
2	ある程度重要だと思う	45.9%	37.1%	49.2%
3	あまり重要だとは思わない	4.4%	2.1%	8.2%
4	重要だとは思わない	0.7%	0.1%	1.1%

【表15】自分の将来の生き方や進路を考える上で、役に立ったものはどれですか［生徒調査］（「そのような指導はなかった」を選択した回答を除いた割合）

職場での体験活動・就業体験（インターンシップ）		中学校	高等学校
1	役に立った	(52.9%)	(40.1%)
2	少しは役に立った	(35.7%)	(38.7%)
3	役に立たなかった	(11.5%)	(21.2%)

【表16】あなたのお子さんが、学校で職業に関する学習、職場体験・就業体験を経験することについて、どう思いますか［保護者調査］

		小学校	中学校	高等学校
1	有意義な学習だと思う	90.5%	90.3%	78.5%
2	有意義な学習だとは思わない	1.3%	2.5%	4.1%
3	どちらともいえない	8.2%	7.2%	17.3%

【表17】あなたは、職場体験・就業体験を経験して、どんな感想を持ちましたか［卒業者調査］

		中学校	高等学校
1	有意義な学習だと思う	87.4%	82.0%
2	有意義な学習だとは思わない	4.1%	5.7%
3	どちらともいえない	8.5%	12.3%

【表18】あなたは、在学中、自分の将来の生き方や進路について考えるため、どのような体験活動を実施してほしかったですか［卒業者調査］

	中学校	高等学校
職場体験・就業体験(インターンシップ)	29.5%	41.4%

（4）基礎的・汎用的能力に関する指導

「(2) キャリア教育の組織と計画」で示した学校調査「キャリア教育の計画を立てるうえで、重視したことがら（表10）」において、「キャリア教育で育てる力と基礎的・汎用的能力との関連を整理すること」を選択した割合は、小学校で25.9%、中学校で27.7%、高等学校で28.1%と低かった。また、当該事項を今後の重要課題として認識する学校は、各校種とも3割台にとどまっている(表19)。基礎的・汎用的能力についての正しい理解を深めるための研修機会の充実が必要である。

学校調査において、「基礎的・汎用的能力に関する指導を実施した学年」では、小学校低学年における「課題対応能力」、低学年及び中学年における「キャリアプランニング能力」の割合が著しく低い。「キャリアプランニング能力」にかかわる指導については、小学校の高学年で充実が図られており、これは児童の発達の段階を考慮した結果ととらえることができる。しかしながら、「課題対応能力」に関する指導の実施の割合が、全ての学校種において相対的に低いことは特徴的な結果であった(表20)。情報の理解・選択・処理等、本質の理解、原因の追究、課題発見、計画立案などの「課題対応能力」にかかわる力は、学校種を問わず日常の教育活動を通して向上させることができ、既に大多数の学校で多様な実践がなされているはずである。これらの取組がキャリア教育としても重要な意義を有するという基本的な認識が、広く共有されていないと言えるのではなかろうか。

次に、担任調査における「指導の重点」、児童生徒調査における「日常生活であてはまるもの」、保護者調査における「指導してほしいこと」の3つの問いに対する回答に注目してみる(表21)。これらの質問項目の①〜③が「人間関係形成・社会形成能力」、④〜⑥が「自己理解・自己管理能力」、⑦〜⑨が「課題対応能力」、⑩〜⑫が「キャリアプランニング能力」に対応している。担任調査では、小学校では「課題対応能力」「キャリアプランニング能力」、中学校、高等学校では「課題対応能力」に関する項目において、「よく指導している」割合が低く、児童生徒調査でも「課題対応能力」「キャリアプランニング能力」に関する項目が他の項目に比べて低くなっている。一方、保護者調査における「重点をおいて指導してほしい」項目は、4つの能力に関する偏りはあまり見られない。今後「課題対応能力」「キャリアプランニング能力」に関する指導、とりわけ「課題対応能力」を育む取組の一層の充実が期待される。

小学校の「トピックス」でも触れたとおり、今後の活性化が期待される「課題対応能力」の向上を目指した取組については、「基礎的・汎用的能力」が提唱されるまで、キャリア教育において必ずしも重視されてこなかった。いわゆる「4領域8能力」から「基礎的・汎用的能力」への転換の過渡期とも言える今日、「課題対応能力」の正しい理解の確立を図ることは喫緊の課題のひとつと言えよう。

【表19】貴校がキャリア教育を適切に行っていく上で、今後どのようなことが重要になると思いますか［学校調査］

貴校のキャリア教育で育てる力と基礎的・汎用的能力との関連を整理すること	小学校	中学校	高等学校
とても重要だと思う	33.8%	31.0%	35.5%

【表20】平成24年度において「基礎的・汎用的能力」に関する指導を実施した学年をすべて選んでください［学校調査］　※下段は平均を示している

	小学校			中学校			高等学校		
	低学年	中学年	高学年	1年	2年	3年	1年	2年	3年
「人間関係形成・社会形成能力」の育成に関する授業・指導	88.4%	90.9%	94.0%	93.3%	92.3%	88.1%	89.5%	79.1%	70.0%
	91.1%			91.2%			79.5%		
「自己理解・自己管理能力」の育成に関する授業・指導	74.8%	87.7%	92.1%	87.8%	87.8%	82.4%	87.4%	79.4%	64.8%
	84.9%			86.0%			77.2%		
「課題対応能力」の育成に関する授業・指導	33.5%	67.2%	93.4%	67.1%	83.3%	86.9%	56.8%	73.7%	79.2%
	64.7%			79.1%			69.9%		
「キャリアプランニング能力」の育成に関する授業・指導	23.2%	38.5%	87.7%	70.2%	83.9%	89.5%	74.3%	79.4%	81.8%
	49.8%			81.2%			78.5%		

【表21】キャリア教育を行う上で、特にどのようなことに重点をおいて指導していますか［担任調査］自分の日常生活の様子をふり返った時、あてはまるものを選んでください［児童生徒調査］
学校における授業や生活で、以下のことがらについてどの程度指導してほしいですか［保護者調査］

右記のとおり回答した割合（%）	担任「よく指導している」			児童生徒「いつもそうしている」			保護者「重点をおいて指導してほしい」		
	小	中	高	小	中	高	小	中	高
①様々な立場や考えの相手に対して、その意見を聴き理解しようとすること	54.7	40.5	38.4	41.9	52.1	59.1	62.8	58.3	52.9
②相手が理解しやすいように、自分の考えや気持ちを整理して伝えること	44.1	29.9	33.0	51.6	41.1	45.0	70.2	61.4	56.5
③自分の果たすべき役割や分担を考え、周囲の人と力を合わせて行動しようとすること	67.9	61.8	44.8	42.7	49.0	50.7	70.2	65.1	57.3
④自分の興味や関心、長所や短所などについて把握し、自分らしさを発揮すること	32.6	34.9	32.8	46.8	49.1	38.3	52.0	51.6	46.1
⑤喜怒哀楽の感情に流されず、自分の行動を適切に律して取り組もうとすること	36.9	33.2	31.2	46.5	28.4	32.7	36.1	40.3	36.3
⑥不得意なことや苦手なことでも、自分の成長のために進んで取り組もうとすること	55.5	42.2	36.5	32.7	20.6	19.7	51.6	55.1	45.9
⑦調べたいことがある時、自ら進んで資料や情報を集め、必要な情報を取捨選択すること	32.3	18.4	30.5	36.4	33.0	39.9	57.7	53.9	50.7
⑧起きた問題の原因、解決すべき課題はどこにあり、どう解決するのかを工夫すること	27.6	16.6	16.5	48.3	29.8	37.6	61.1	57.8	53.9

⑨活動や学習を進める際、適切な計画を立てて進めたり、評価や改善を加えて実行したりすること	17.8	21.5	21.3	36.8	23.5	26.1	47.4	49.7	43.8
⑩学ぶことや働くことの意義について理解し、学校での学習と自分の将来をつなげて考えること	31.6	44.0	40.2	33.5	29.5	32.2	50.2	54.9	51.3
⑪ 自分の将来について具体的な目標をたて、現実を考えながらその実現のための方法を考えること	13.0	33.2	41.9	49.7	32.8	36.9	38.9	46.8	51.4
⑫ 自分の将来の目標の実現に向かって具体的に行動したり、その方法を工夫・改善したりすること	10.7	25.8	34.3	46.1	31.1	30.0	41.3	44.2	49.9

（5）キャリア教育の取組に関する評価

「(2) キャリア教育の組織と計画」で示した学校調査「キャリア教育の現状について、全校的な立場から『そのとおりである』と思うもの（表11)」において、「キャリア教育の計画の実施について評価を行っている」を選択した割合は、小学校で17.9%、中学校で37.7%、高等学校で33.1%と低く、取組の評価があまり行われていない実態が示された。以下、キャリア教育の取組の改善につながる「評価」に関する項目を抽出し、その特徴を整理する。

学校調査において、「キャリア教育を行う上で、今後どのようなことが重要になると思いますか」では、「児童生徒の実態や学校の特色、地域の実態を反映させた計画の立案をすること」が「とても重要だと思う」との回答は、小学校で70.8%、中学校で67.5%、高等学校で72.0%に上っている。ところが、実態把握をする上で不可欠な評価については、「取組の改善につながる評価を実施すること」を「とても重要だと思う」との回答は、小学校で31.2%、中学校で39.2%、高等学校で35.4%と低くなっている（表22)。評価の重要性・必要性の認識は、必ずしも十分とは言えない。

また、担任調査では、「困ったり悩んだりしていること」として、「キャリア教育の計画・実施について評価の仕方がわからない」をあげている教員が小学校33.2%、中学校34.9%、高等学校31.0%である（表23）。前回調査（平成17年）では、同じ質問に対する回答が、中学校で8.3%、高等学校で5.5%であったことを踏まえれば、キャリア教育の評価への関心が高まってきたと同時に、その方途に悩む教員が大幅に増えたと言えよう（表24）。しかし、担任調査「キャリア教育を行う上で、今後どのようなことが重要になると思いますか」では、「キャリア教育の成果に関する評価」を「とても重要だと思う」とした教員は、小学校で22.7%、中学校で24.0%、高等学校で18.2%と低い（表25）。キャリア教育の評価方法をめぐる困惑が高まってはいるものの、キャリア教育実践の評価が重要な課題として認識されるには至っていないと考えられる。前述の「困ったり悩んだりしていること」で、「評価に基づいたキャリア教育の計画や実践に関する改善がなされない」が、小学校で8.1%、中学校で11.4%、高等学校で9.3%にとどまっていることも、評価の意義への認識が不十分であることの一端を示す結果であろう。

キャリア教育への取組を通して児童生徒にどのような成長や変容が表れたかを、地域や学校の特色、児童生徒の実態に応じた評価指標などによって検証することは、極めて重要なことである。その結果を踏まえて取組の改善につなげるPDCAサイクルを確立することで、取組の働きかけや目的がより明確になり更なる成果につながる。キャリア教育に関する評価への取組の強化は、今後の重要な課題であると言える。

学校調査において、「キャリア教育の現状について、全校的な立場から『そのとおりである』と思うもの」として、「キャリア教育の実践によって、学校や地域の課題解決に向かっている」を選択した学校が、小学校で12.3%、中学校で20.2%、高等学校で22.9%にとどまっていることは、評価自体が不十分にとどまっているゆえに、実践の成果や残された課題を踏まえた取組の改善が十分に図られていない現状を浮き彫りにした結果と言えるのではないだろうか（表26）。

【表22】貴校がキャリア教育を適切に行っていく上で、今後どのようなことが重要になると思いますか［学校調査］

児童生徒の実態や学校の特色、地域の実態を反映させた計画の立案をすること		小学校	中学校	高等学校
1	とても重要だと思う	70.8%	67.5%	72.0%
2	ある程度重要だと思う	28.3%	31.5%	26.7%
3	あまり重要だとは思わない	0.7%	0.8%	1.2%
4	重要だとは思わない	0.2%	0.2%	0.1%

取組の改善につながる評価を実施すること		小学校	中学校	高等学校
1	とても重要だと思う	31.2%	39.2%	35.4%
2	ある程度重要だと思う	62.3%	56.8%	58.0%
3	あまり重要だとは思わない	6.2%	3.8%	6.2%
4	重要だとは思わない	0.3%	0.2%	0.4%

【表23】キャリア教育について、あなた自身が困ったり悩んだりしていることをすべて選んでください

	小学校	中学校	高等学校
キャリア教育の計画・実施についての評価の仕方がわからない	33.2%	34.9%	31.0%
評価に基づいたキャリア教育の計画や実践に関する改善がなされない	8.1%	11.4%	9.3%

【表24】進路指導について、あなた自身の悩みとしてあてはまるものを選んでください［《前回調査》担任教員調査］

	小学校	中学校	高等学校
進路指導の計画・実施についての評価	8.3%	5.5%	35.5%

【表25】キャリア教育を適切に行っていく上で、今後どのようなことが重要になると思いますか［担任調査］

キャリア教育の成果に関する評価		小学校	中学校	高等学校
1	とても重要だと思う	22.7%	24.0%	18.2%
2	ある程度重要だと思う	58.5%	60.9%	56.2%
3	あまり重要だとは思わない	16.3%	12.6%	20.9%
4	重要だとは思わない	2.5%	2.4%	4.7%

【表26】貴校におけるキャリア教育の現状について、全校的な立場から「そのとおりである」と思うものをすべて選んでください［学校調査］

	小学校	中学校	高等学校
キャリア教育の実践によって、学校や地域の課題解決に向かっている	12.3%	20.2%	22.9%

《トピックス》 充実したキャリア教育の計画・実践は学習意欲を向上させる

中学校「トピックス」において整理したように、新学習指導要領の改訂の方向性を示した中央教育審議会答申（平成20年１月）は、キャリア教育を通じた学習意欲の向上に強い期待を寄せている。また、文部科学事務次官通知（19文科初第1357号［平成20年３月28日］、20文科初第1312号［平成21年３月９日］）も、すべての学校種において、「教育課程の基準の改善の基本的な考え方」の一角に「キャリア教育などを通じ、学習意欲を向上するとともに、学習習慣の確立を図るものとしたこと」を位置付けている。

このようなキャリア教育への高い期待に鑑み、中学校「トピックス」では、①キャリア教育の全般的な実施状況別、②中学校段階のキャリア教育における実質的な中核となっている職場体験活動の日数別の２つの視点から、生徒の学習意欲の向上（管理職による生徒の学習意欲向上の認識）に違いがみられるかどうかを明らかにした。

ここでは、学校種間で実践の在り方に差が大きい現状を考慮し、キャリア教育の指導計画の充実度に注目して、充実したキャリア教育の指導計画を有する学校とそうではない学校との間で、児童生徒の学習意欲の向上にどのような違いがみられるかを分析する。用いたデータは、いずれも学校調査の結果である。

今回の分析ではまず、「キャリア教育の計画を立てる上で重視したことがら」がどの程度あるかという設問に注目した。小学校・中学校・高等学校で共通する12項目(*1)をとりあげ、これらのうち重視している項目数の分布を考慮して、重視項目低群・重視項目中群・重視項目高群の３群に分けた。低群より中群、高群の方が計画段階で重視したり配慮したりする項目が多いということを意味することから、低群→中群→高群の順でキャリア教育の指導計画の充実度が高まるとみなすこととした。

次に「キャリア教育の実践によって、学習全般に対する児童（生徒）の意欲が向上してきている」という設問(*2)をとりあげた。この設問で「あてはまる」と回答した学校の割合を前述の重視項目に関する３群別に示したのが下記のグラフである。

小学校・中学校・高等学校のいずれにおいても、充実したキャリア教育の指導計画を有する学校ほど、キャリア教育の実践による児童・生徒の学習意欲向上を認識している割合が高いことが明らかである。充実したキャリア教育の指導計画を有する学校では、さまざまな点を考慮しつつ、多くの取組を計画に位置付け、それを適切に実践した結果、教員からみた学習意欲の向上につながっていることを示唆するものと言えよう。

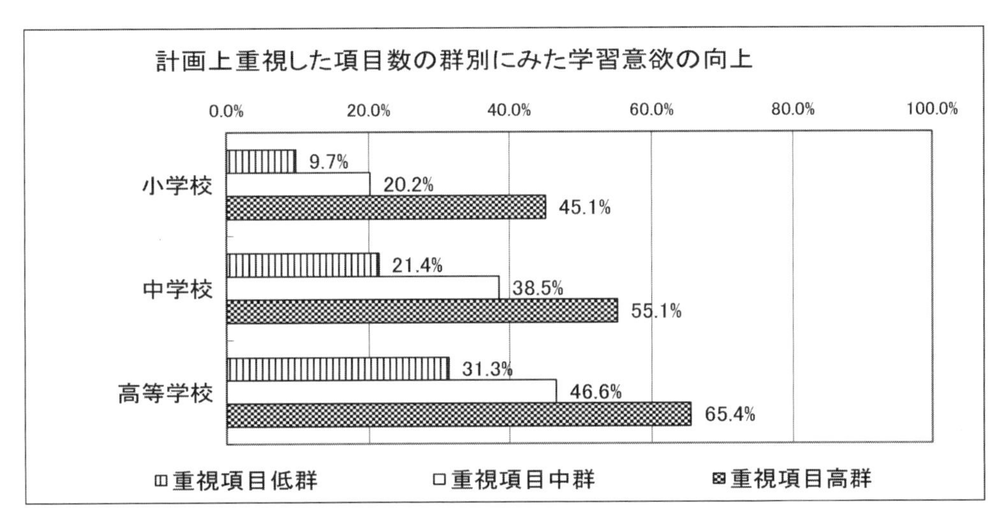

※キャリア教育の計画上重視することがらの集計で取り上げたのは、学校種に共通する12項目である。小学校では、重視項目低群（0～2項目該当）が26.4、中群（3～5項目該当）が46.3、高群（6～12項目該当）は27.3であった。中学校の場合、低群（0～5項目該当）32.0、中群（6～8項目該当）42.6、高群（9～12項目該当）25.4である。高等学校は低群（0～4項目該当）27.2、中群（5～7項目該当）40.1、高群（8～12項目該当）32.7であった。

※χ^2検定の結果は次の通りであった。小学校$\chi^2(2)=96.105$、$p<.001$、中学校$\chi^2(2)=34.604$、$p<.001$、高等学校$\chi^2(2)=68.294$、$p<.001$。

[1] 共通する12項目は以下の通り。

1. 児童（生徒）の実態や学校の特色、地域の実態を把握し計画に反映させること
2. 児童（生徒）が、学年末や卒業時までに「○○ができるようになる」など、具体的な目標を立てること
3. 発達の段階に応じたキャリア教育の実践が行われるようにすること
4. 貴校のキャリア教育で育てる力と基礎的・汎用的能力との関連を整理すること
5. 様々な教科や領域・行事等、教育課程全体を通したキャリア教育が行われるようにすること
6. 現在の学びと将来の進路との関連を児童（生徒）に意識づけること
7. 取組の改善につながる評価を実施すること
8. 小）職場見学や社会人による講話など職業教育にかかわる体験活動を充実させること中）職場体験活動や社会人による講話など、職業や就労にかかわる体験活動を充実させること
   高）就業体験（インターンシップ）や社会人による講話など、職業や就労にかかわる体験活動を充実させること
9. 小）中学校の体験入学や学校紹介など、上級学校にかかわる体験活動を取り入れること
   中）高等学校等の体験入学や学校紹介など、上級学校にかかわる体験活動を取り入れること
   高）大学等の体験入学や学校紹介など、上級学校にかかわる体験活動を取り入れること
10. 小）職場見学などの体験活動において、事前指導・事後指導を重視すること
    中）職場体験活動などの体験活動において、事前指導・事後指導を重視すること
    高）就業体験（インターンシップ）などの体験活動において、事前指導・事後指導を重視すること
11. 保護者や地域、外部団体との連携を図ること
12. 小）キャリア・カウンセリングを取り入れること
    中・高）キャリア・カウンセリング（進路相談）を取り入れること

[2] 小学校の設問の例:

貴校におけるキャリア教育の現状について、全校的な立場から「そのとおりである」と思うものをすべて選んでください。

(1) キャリア教育の諸計画は、計画通り実施されている
(2) キャリア教育に関する担当者を中心とする校務分掌組織が確立され、機能している

(3) 教員はキャリア教育に関して理解し、協力している
(4) 教員はキャリア教育に関する研修などに積極的に参加し、指導力の向上に努めている
(5) 教員は指導案の作成や教材の工夫に努めている
(6) 教員はキャリア教育に関する情報を収集し、活用している
(7) キャリア教育にかかわる体験的学習（工場見学・商店街見学・農家見学等を含む職場見学や社会人による講話・実演など）を実施している
(8) キャリア教育を実施するための時間は確保されている
(9) キャリア教育のための予算は確保されている
(10) 保護者は学校のキャリア教育に関して理解し、協力している
(11) キャリア教育にあたって、社会人などの参画・協力を得ている
(12) キャリア教育の計画の実施について評価を行っている
(13) キャリア教育の実践によって、児童が将来や自らの生き方を考えるきっかけになり得ている
(14) **キャリア教育の実践によって、学習全般に対する児童の意欲が向上してきている**
(15) キャリア教育の実践によって、学校や地域の課題解決に向かっている
(16) 上記に該当するものはない

国立教育政策研究所生徒指導・進路指導研究センター

〒100-8951

東京都千代田区霞が関3-2-2

TEL:03-6733-6882　　FAX:03-6733-6967

※本調査の設問・結果集計表を含む第一次報告書の全文は、

以下の URL に掲載しています。

URL:http://www.nier.go.jp/04_kenkyu_annai/div09-shido.html

平成25年3月発行

著者紹介

森谷一経（もりやかずつね）

早稲田大学教育学部卒業。

桜美林大学大学院大学アドミニストレーション研究科修了。

慶應義塾大学大学院政策・メディア研究科後期博士課程所定単位取得退学。博士（生物産業学）（東京農業大学）。

現在、開智国際大学国際教養学部教授、キャリアセンター長。

前、北海道文教大学外国語学部教授。

専門領域はキャリア教育と人的資源に関する研究。

これまでに北海道恵庭市人材確保計画策定委員会委員長および北海道恵庭市中小企業振興審議会/計画推進管理専門部会委員を歴任。

所属学会は日本インターンシップ学会、日本キャリア教育学会、日本ビジネス実務学会、日本リメディアル教育学会。

〔著書〕

『人間関係づくりとコミュニケーション』（共著）、山内雅恵（監）船木幸弘（編）、「うけいれる－自他尊重のコミュニケーション」、pp.17-32、金子書房、2019

『人材育成ハンドブック』（共著）、人材育成学会（編）、トピックス「職業教育とキャリア教育」、pp.341-343、金子書房、2019

『基礎からの経営学』（共著）、見吉英彦（編）、「モチベーションとキャリア・マネジメント」、pp.175-189、みらい、2020

巻末資料　出典

「キャリア教育・進路指導に関する総合的実態調査 第一次報告書（概要版）－キャリア教育の現状と課題に焦点をあてて―」（平成25年3月）【国立教育政策研究所生徒指導・進路指導研究センター】

https://www.nier.go.jp/shido/centerhp/career_jittaityousa/pdf/report_gaiyou.pdf

学校におけるキャリア教育と職業教育
－中等教育から大学へ至るキャリア形成－

令和５年６月30日　初版第一刷

著　者　森谷一経（もりや かずつね）

発行人　大平　聡（おおだいら さとる）

発行所　株式会社 第一公報社

〒112－0002
東京都文京区小石川４－４－17
電話03(6801)5118　FAX03(6801)5119

印刷・製本　日本ハイコム株式会社

落丁本・乱丁本はお取替えいたします

ISBN978－4－88484－335－9　C3037